花的勇气

中国青年出版社

目　录

时光对于人，
其实就是生命的过程。

花 脸

做孩子的时候,盼过年的心情比大人来得迫切,吃穿玩乐花样都多,还可以把拜年来的亲友塞到手心里的一小红包压岁钱都积攒起来,做个小富翁。但对于孩子们来说,过年的魅力还有更一层深在的缘故,便是我要写在这几张纸上的。

每逢年至,小闺女们闹着戴绒花、穿红袄、嘴巴涂上浓浓的胭脂团儿;男孩子们的兴趣都在鞭炮上,我则不然,最喜欢的是买个花脸戴。这是种纸浆轧制成的面具,用渗胶的彩粉画上戏里边那些有名有姓、威风十足的大花脸。后边拴根橡皮条,往头上一套,自己俨然就变成那员虎将了。这花脸是依脸型轧的,眼睛处挖两个孔,可以从里边往外看。但鼻子和嘴的地方不通气儿,一戴上,好闷,还有股臭胶和纸浆的味儿;说出话来,声音变得低粗,却有大将威武不凡的气概,神气得很。

一年年根,舅舅带我去娘娘宫前年货集市上买花脸。过年时人都分外有劲,挤在人群里好费力,终于从挂满在一条横竿上的花花绿绿几十种花脸中,惊喜地发现一个。这花脸好大,好特别!通面赤红,一双墨眉,眼角雄俊地吊起,头上边突起一块绿包头,长巾贴脸垂下,脸下边是用马尾做的很长的胡须。这花脸与那些愣头愣脑、傻头傻脑、神头鬼脸的都不一样。虽然毫不凶恶,却有股子凛然不可侵犯的庄重之气,咄咄逼人。

叫我看得直缩脖子，要是把它戴在脸上，管叫别人也吓得缩脖子。我竟不敢用手指它，只是朝它扬下巴，说："我要那个大红脸！"

卖花脸的小罗锅儿，举竿儿挑下这花脸给我，龇着黄牙笑嘻嘻说："还是这小少爷有眼力，要做关老爷！关老爷还得拿把青龙偃月刀呢！我给您挑把顶精神的！"就着从戳在地上的一捆刀枪里，抽出一柄最漂亮的大刀给我。大红漆杆，金黄刀面，刀面上嵌着几块闪闪发光的小镜片，中间画一条碧绿的小龙，还拴一朵红缨子。这刀！这花脸！没想到一下得到两件宝贝。我高兴得只是笑，话都说不出。舅舅付了钱，坐三轮车回家时，我就戴着花脸，倚着舅舅的大棉袍执刀而立，一路引来不少人瞧我，特别是那些与我般般大的男孩子们投来艳羡的目光时，使我快活之极。舅舅给我讲了许多关公的故事，过五关、斩六将，温酒斩华雄。边讲边说："你好英雄呀！"好像在说我的光荣史。当他告我这把青龙偃月刀重八十斤，我简直觉得自己力大无穷。舅舅还教我用京剧自报家门的腔调说：

"我——姓关，名羽，字云长。"

到家，人人见人人夸，妈妈似乎比我更高兴。连总是厉害地板着脸的爸爸也含笑称我"小关公"。我推开人们，跑到穿衣镜前，横刀立马地一照，呀，哪里是小关公，我是大关公哪！

这样，整个大年三十我一直戴着花脸，谁说都不肯摘，睡觉时也戴着它，还是睡着后我妈妈轻轻摘下放在我枕边的，转天醒来头件事便是马上戴上，恢复我这"关老爷"的本来面貌。

大年初一，客人们陆陆续续来拜年，妈妈喊我去，好叫客人们见识见识我这关老爷。我手握大刀，摇晃着肩膀，威风地走进客厅，憋足嗓门叫道："我——姓关，名羽，字云长。"

客人们哄堂大笑，都说："好个关老爷，有你守家，保管大鬼小鬼进不来！"

我愈发神气，大刀呼呼抡两圈，摆个张牙舞爪的架势，逗得客人们笑个不停。只要客人来，妈妈就喊我出场表演。妈妈还给我换上只有三十夜拜祖宗时才能穿的那件青缎金花的小袍子。我成了全家过年的主角。连爸爸对我也另眼看待了。

我下楼一向不走楼梯。我家楼梯扶手是整根的光亮的圆木。下楼时便一条腿跨上去，"哧溜"一下滑到底。这时我就故意躲在楼上，等客人来突然由天而降，叫他们惊奇，效果会更响亮！

初一下午，来客进入客厅，妈妈一喊我，我跨上楼梯扶手飞骑而下，呜呀呀大叫一声闯进客厅，大刀上下一抡，谁知用力过猛，脚底没根，身子栽出去，"叭"地巨响，大刀正砍在花架上一尊插桃枝的大瓷瓶上，哗啦啦粉粉碎，只见瓷片、桃枝和瓶里的水飞向满屋。一个瓷片从二姑脸旁飞过，险些擦上了；屋内如淋急雨，所有人穿的新衣裳都是水渍；再看爸爸，他像老虎一样直望着我，哎哟，一根开花的小桃枝迎面飞去，正插在他梳得油光光的头发里。后来才知道被我打碎的是一尊祖传的乾隆官窑百蝶瓶，这简直是死罪！我坐在地上吓傻了，等候爸爸上来一顿狠狠的揪打。妈妈的神气好像比我更紧张，她一下抓不着办法救我，瞪大眼睛等待爸爸的爆发。

就在这生死关头，二姑忽然破颜而笑，拍着一双雪白的手说道：

"好啊，好啊，今年大吉大利，岁(碎)岁(碎)平安呀！哎，关老爷，干吗傻坐在地上，快起来，二姑还要看你耍大刀哪！"

谁知二姑这是使什么法术，绷紧的气势霎时就松开了。另一位姨婆马上应和说:“旧的不去,新的不来,不除旧,不迎新。您等着瞧吧,今年非抱个大金娃娃不成,是吧!”她满脸欢笑朝我爸爸说,叫他应声。其他客人也一拥而上,说吉祥话,哄爸爸乐。

这些话平时根本压不住爸爸的火气,此刻竟有神奇的效力,迫使他不乐也得乐。过年乐,没灾祸。爸爸只得嘿嘿两声,点头说:

“呵,好、好、好……”

尽管他脸上的笑纹明显含着被克制的怒意,我却奇迹般地因此逃脱开一次严惩。妈妈对我丢了眼色,我立刻爬起来,拖着大刀,狼狈而逃。身后还响着客人们着意的拍手声、叫好声和笑声。

往后几天里,再有拜年的客人来,妈妈不再喊我,节目被取消了。我躲在自己屋里很少露面,那把大刀也掖在床底下,只是花脸依旧戴着,大概躲在这硬纸后边再碰到爸爸时有种安全感。每每从眼孔里望见爸爸那张阴沉含怒的脸,不再觉得自己是关老爷,而是个可怜虫了!

过了正月十五,大年就算过去了。我因为和妹妹争吃撤下来的祭灶用的糖瓜,被爸爸抓着腰提起来,按在床上死揍了一顿。我心里清楚,他是把打碎花瓶的罪过加在这件事上一起清算,因为他盛怒时,向我要来那把惹祸的大刀,用力折成段,大花脸也撕成碎片片。

从这事,我悟到一个祖传的概念:一年之中唯有过年这几天是孩子们的自由日,在这几天里无论怎样放胆去闹,也不会立刻得到惩罚。这便是所有孩子都盼望过年深在的缘故。当然那被撕碎的花脸也提醒我,在这有限的自由里可得勒着点自己,当心事后加倍的算账。

捅马蜂窝

爷爷的后院虽小,它除去堆放杂物,很少人去,里边的花木从不修剪,快长疯了!枝叶纠缠,阴影深浓,却是鸟儿、蝶儿、虫儿们生存和嬉戏的一片乐土,也是我儿时的乐园。我喜欢从那爬满青苔的湿漉漉的大树干上,取下一只又轻又薄的蝉衣,从土里挖出筷子粗肥大的蚯蚓,把团团飞舞的小蠓虫赶到蜘蛛网上去。那沉甸甸压弯枝条的海棠果,个个都比市场买来的大。这里,最壮观的要数爷爷窗檐下的马蜂窝了,好像倒垂的一只大莲蓬,无数金黄色的马蜂爬进爬出,飞来飞去,不知忙些什么,大概总有百十只之多,以致爷爷不敢开窗子,怕它们中间哪个冒失鬼一头闯进屋来。

“真该死,屋子连透透气儿也不能,哪天请人来把这马蜂窝捅下来!”奶奶总为这个马蜂窝生气。

“不行,要蜇死人的!”爷爷说。

“怎么不行?头上蒙块布,拿竹竿一捅就下来。”奶奶反驳道。

“捅不得,捅不得。”爷爷连连摇手。

我站在一旁,心里却涌出一种捅马蜂窝的强烈渴望。那多有趣!当我给这个淘气的欲望鼓动得难以抑制时,就找来妹妹,趁着爷爷午睡的当儿,悄悄溜到从走廊通往后院的小门口。我脱下褂子蒙住头顶，用扣上衣扣儿的前襟遮盖下半张脸，只露一双眼。又把两根竹竿接绑起来，作为捣毁马蜂窝的武器。我和妹妹约定好，她躲在门里，把住关口，待我捅下马蜂窝，赶紧开门放我进来，然后把门关住。

妹妹躲在门缝后边，眼瞧我这非凡而冒险的行动。我开始有些迟疑，最后还是好奇战胜了胆怯。当我的竿头触到蜂窝的一刹那，好像听到爷爷在屋内呼叫，但我已经顾不得别的，一些受惊的马蜂轰地飞起来，我赶紧用竿头顶住蜂窝使劲地摇撼两下，只听“通”，一个沉甸甸的东西掉下来，跟着一团黄色的飞虫腾空而起，我扔掉竿子往小门那边跑，谁料到妹妹害怕，把门在里边插上，她跑了，将我关在门外。我一回头，只见一只马蜂径直而凶猛地朝我扑来，好像一架燃料耗尽、决心相撞的战斗机。这复仇者不顾一死而拼死的气势使我惊呆了。我抬手想挡住脸，只觉眉心像被针扎似的剧烈地一疼，挨蜇了！我捂着脸大叫，不知道谁开门把我拖进屋。

当夜，我发了高烧。眉心处肿起一个枣大的疙瘩，自己都能用眼瞧见。家里人轮番用了醋、酒、黄酱、万金油和凉手巾把儿，也没能使我那肿疮迅速消下去。转天请来医生，打针吃药，七八天后才渐渐复愈。这一下好不轻呢！我生病也没有过这么长时间，以致消肿后的几天里不敢到那通向后院的小走廊上去，生怕那些马蜂还守在小门口等着我。

过了些天，惊恐稍定，我去爷爷的屋子，他不在，隔窗看见他站在当院里，摆手召唤我去，我大着胆子去了，爷爷手指窗根处叫我看，原来是我捅掉的那个马蜂窝，却一只马蜂也不见了，好像一只丢弃的干枯的大莲蓬头。爷爷又指了指我的脚下，一只马蜂！我惊吓得差点叫起来，慌忙跳开。

夜深人静，

把昨日梦想和今日理想放在一起体味，

我听到了一片深广而醉人的人生交响乐。

“怕什么,它早死了!”爷爷说。

仔细瞧,噢,原来是死的。仰面朝天躺在地上,几只黑蚂蚁在它身上爬来爬去。爷爷说:

“这就是蜇你的那只马蜂。马蜂就是这样,你不惹它,它不蜇你。它要是蜇了你,自己也就死了。”

“那它干吗还要蜇我呢,它不就完了吗?”

“你毁了它的家,它当然不肯饶你。它要拼命的!”爷爷说。

我听了心里暗暗吃惊。一只小虫竟有这样的激情和勇气。低头再瞧瞧那只马蜂,微风吹着它,轻轻颤动,好似活了一般。我不禁想起那天它朝我猛扑过来时那副视死如归的架势,与毁坏它们生活的人拼出一死,真像一个英雄……我面对这壮烈牺牲的小飞虫的尸体,似乎有种罪孽感沉重地压在我的心上。

那一窝马蜂呢,无家可归的一群呢,它们还会不会回来重建家园?我甚至想用胶水把这只空空的蜂窝粘上去。

这一年,我经常站在爷爷的后院里,始终没有等来一只马蜂。

转年开春,有两只马蜂飞到爷爷的窗檐下,落到被晒暖的木窗框上,然后还在过去的旧巢的残迹上爬了一阵子,跟着飞去而不再来。空空又是一年。

第三年,风和日丽之时,爷爷忽叫我抬头看,隔着窗玻璃看见窗檐下几只赤黄色的马蜂忙来忙去。在这中间,我忽然看到,一个小巧的、银灰色的、第一间蜂窝已经筑成了。

于是,我和爷爷面对面开颜而笑,笑得十分舒心。我不由得暗暗告诉自己:再不做一件伤害旁人的事。

歪 儿

那个暑假，天刚擦黑，晚饭吃了一半，我的心就飞出去了。因为我又听到歪儿那尖细的召唤声："来玩踢罐电报呀——"

"踢罐电报"是那时男孩子们最喜欢的游戏。它不单需要快速、机敏，还带着挺刺激的冒险滋味。它的玩法又简单易学，谁都可以参加。先是在街中央用白粉粗粗画一个圈儿，将一个空洋铁罐儿摆在圈里，然后大家聚拢一起"手心手背"分批淘汰，最后剩下一个人坐庄。坐庄可不易，他必须极快地把伙伴们踢得远远的罐儿拾回来，放到原处，再去捉住一个乘机躲藏的孩子顶替他，才能下庄；可是就在他四处去捉住那些藏身的孩子时，冷不防从什么地方会蹿出一人，"叭"地将罐儿叮里当啷踢得老远，倒霉，又得重新开始……一边要捉人，一边还得防备罐儿再次被踢跑，这真是个苦差事，然而最苦的还要算是歪儿！

歪儿站在街中央，寻着空铁罐左顾右盼，活像一个蒸熟了的小红薯。他细小，软绵绵，歪歪扭扭；眼睛总像睁不开，薄薄的嘴唇有点斜，更奇怪的是他的耳朵，明显的一大一小，像是父子俩。他母亲是苏州人，四十岁才生下这个有点畸形的儿子，取名叫"弯儿"。我们天天都能听到她用苏州腔呼唤儿子的声音，却把"弯儿"错听成"歪儿"。也许这"歪儿"更像他的模样。由于他身子歪，跑起来就打斜，玩踢罐电报便十分吃亏。可是他太热爱这种游戏了，他宁愿坐庄，宁愿徒自奔跑，宁愿一直累得跌跌撞撞……大家玩的罐儿还是他家的呢！

只有他家才有这种装芦笋的长长的铁罐，立在地上很得踢，如果要没有这宝贝罐儿，说不定大家嫌他累赘，不带他玩了呢！

我家刚搬到这条街上来，我就加入了踢罐电报的行列，很快成了佼佼者。这游戏简直就是为我发明的——我的个子比同龄的孩子高一头，腿也几乎长一截，跑起来真像骑摩托送电报的邮差那样风驰电掣，谁也甭想逃脱我的追逐。尤其我踢罐儿那一脚，叭的一声过后，只能在远处朦胧的暮色里去听它叮里当啷的声音了，要找到它可费点劲呢！这时，最让大家兴奋的是瞅着歪儿去追罐儿那样子，他一忽儿斜向左，一忽儿斜向右，像个脱了轨而瞎撞的破车，逗得大家捂着肚子笑。当歪儿正要发现一个藏身的孩子时，我又会闪电般冒出来，一脚把罐儿踢到视线之外，可笑的场面便再次出现……就这样，我成了当然的英雄，得意非凡；歪儿怕我，见到我总是一脸懊丧。天天黄昏，这条小街上充满着我的迅猛威风和歪儿的疲于奔命。终于有一天，歪儿一屁股坐在白粉圈里，怏怏无奈地痛哭不止……他妈妈跑出来，操着纯粹的苏州腔朝他叫着骂着，扯他胳膊回家。这愤怒的声音里似乎含着对我们的谴责。我们都感觉自己做了什么不好的事，默默站了一会儿才散。

歪儿不来玩踢罐电报了。他不来，罐儿自然也变了，我从家里拿来一种装草莓酱的小铁罐，短粗，又轻，不但踢不远，有时还踢不上，游戏的快乐便减色许多。那么失去快乐的歪儿呢？我望着他家二楼那扇黑黑的玻璃窗，心想他正在窗后边眼巴巴瞧着我们玩吧！这时忽见窗子一点点开启，跟着一个东西扔下来。这东西掉在地上的声音那么熟悉、那么悦耳、那么刺激，原来正是歪儿那长长的罐儿。我的心头第一次感到被一种内疚深深地刺痛了。我迫不及待地朝他招手，叫他来玩。

歪儿回到了我们中间。

一切都奇妙又美好地发生了变化。大家并没有商定什么，却不约而同、齐心合力地等待着这位小伙伴了。大家尽力不叫他坐庄；有时他“手心手背”输了，也很快有人情愿被他捉住，好顶替他。大家相互配合，心领神会，做假成真。一次，我看见歪儿躲在一棵大槐树后边正要被发现，便飞身上去，一脚把罐儿踢得好远好远，解救了歪儿，又过去拉着他，急忙藏进一家院内的杂物堆里。我俩蜷缩在一张破桌案下边，紧紧挤在一起，屏住呼吸，却互相能感到对方的胸脯急促起伏，这紧张充满异常的快乐呵！我忽然见他那双眯缝的小眼睛竟然睁得很大，目光兴奋、亲热、满足，并像晨星一样光亮！原来他有这样一双又美又动人的眼睛。是不是每个人都有这样一双眼睛，就看我们能不能把它点亮。

快手刘

人人在童年,都是时间的富翁。胡乱挥霍也使不尽。有时呆在家里闷得慌,或者父亲嫌我太闹,打发我出去玩玩,我就不免要到离家很近的那个街口,去看快手刘变戏法。

快手刘是个撂地摆摊卖糖的胖大汉子。他有个随身背着的漆成绿色的小木箱,在哪儿摆摊就把木箱放在哪儿。箱上架一条满是洞眼的横木板,洞眼插着一排排廉价而赤黄的棒糖。他变戏法是为吸引孩子们来买糖。戏法十分简单,俗称“小碗扣球”。一块绢子似的黄布铺在地上,两个白瓷小茶碗,四个滴溜溜的大红玻璃球儿,就这再普通不过的三样道具,却叫他变得神出鬼没。他两只手各拿一个茶碗,你明明看见每个碗下边扣着两个红球儿,你连眼皮都没眨动一下,嘿!四个球儿竟然全都跑到一个茶碗下边去了,难道这球儿是从地下钻过去的?他就这样把两只碗翻来翻去,一边叫天喊地,东指一下手,西吹一口气,好像真有什么看不见的神灵做他的助手,四个小球儿忽来忽去,根本猜不到它们在哪里。这种戏法比舞台上的魔术难变,舞台只一边对着观众,街头上的土戏法,前后左右围着一圈人,人们的视线从四面八方射来,容易看出破绽。有一次,我亲眼瞧见他手指飞快地一动,把一个球儿塞在碗下边扣住,便禁不住大叫:

“在右边那个碗底下哪，我看见了！”

“你看见了？”快手刘明亮的大眼珠子朝我惊奇地一闪，跟着换了一种正经的神气对我说：“不会吧！你可得说准了。猜错就得买我的糖。”

“行！我说准了！”我亲眼所见，所以一口咬定。自信使我的声音非常响亮。

谁知快手刘哈哈一笑，突然把右边的茶碗翻过来。

“瞧吧，在哪儿呢？”

咦，碗下边怎么什么也没有呢？只有碗口压在黄布上一道圆圆的印子。难道球儿穿过黄布钻进左边那个碗下边去了？快手刘好像知道我怎么猜想，伸手又把左边的茶碗掀开，同样什么也没有！球儿都飞了？只见他将两只空碗对口合在一起，举在头顶上，口呼一声：“来！”双手一摇茶碗，里面竟然哗哗响，打开碗一看，四个球儿居然又都出现在碗里边。怪，怪，怪！

四边围看的人发出一阵惊讶不已的唏嘘之声。

“怎么样？你输了吧！不过在我这儿输了决不罚钱，买块糖吃就行了。这糖是纯糖稀熬的，单吃糖也不吃亏。”

我臊得脸皮发烫，在众人的笑声里买了块棒糖，站在人圈后边去。从此我只站在后边看了，再不敢挤到前边去多嘴多舌。他的戏法，在我眼里真是无比神奇了。这也是我童年真正钦佩的一个人。

他那时不过四十多岁吧，正当年壮，精饱神足，肉重肌沉，皓齿红唇，乌黑的眉毛像用毛笔画上去的。他蹲在那里活像一只站着的大白象。一边变戏法，一边卖糖，发亮而外突的眸子四处流盼，照应八方；满口不住说着逗人的笑话。一双胖胖的手，指肚滚圆，却转动灵活，那四个小球就在这双手里忽隐忽现。我当时有种奇想，他的手好像是双层的，小球时时藏在夹层里。唉唉，孩提时代的念头，现在不会再有了。

这双异常敏捷的手，大概就是他绰号“快手刘”的来历。他也这样称呼自己，以致在我们居住那一带无人不知他的大名。我童年的许多时光，就是在这最最简单又百看不厌的土戏法里，在这一直也不曾解开的迷阵中，在他这双神奇莫测、令人痴想不已的快手之间消磨的。他给了我多少好奇的快乐呢！

那些伴随着童年的种种人和事，总要随着童年的消逝而远去。我上中学以后就不常见到快手刘了。只是路过那路口时，偶尔碰见他。他依旧那样兴冲冲地变“小碗扣球”，身旁摆着插满棒糖的小绿木箱。此时我已经是懂事的大孩子了，不再会把他的手想象成双层的，却依然看不出半点破绽，身不由己地站在那里，饶有兴致地看了一阵子。我敢说，世界上再好的剧目，哪怕是易卜生和莎士比亚，也不能像我这样成百上千次看个不够。

我上高中是在外地。人一走，留在家乡的童年和少年就像合上的书。往昔美好的故事，亲切的人物，甜醉的情景，就像鲜活的花瓣夹在书页里，再翻开都变成了干枯了的回忆。谁能使过去的一切复活？那去世的外婆、不知去向的挚友，妈妈乌黑的鬓发，久已遗失的那些美丽的书，那跑丢了的蓝眼睛的小白猫……还有快手刘。

高中二年级的暑期，我回家度假。一天在离家不远的街口看见十多个孩子围着什么又喊又叫。走近一看，心中怦然一动，竟是快手刘！他依旧卖糖和变戏法，但人已经大变样子。十年不见，他好像度过了二十年。模样接近了老汉。单是身旁摆着的那只木箱，就带些凄然的样子。它破损不堪，黑糊糊，黏腻腻，看不出一点先前那悦目的绿色。横板上插糖的洞孔，多年来给棒糖的竹棍捅大了，插在上边的棒糖东倒西歪。再看他，那肩上、背上、肚子上、臂上的肉都到哪儿去了呢，饱满的曲线没了，衣服下处处凸出尖尖的骨形来；脸盘仿佛小了一圈，眸子无光，更没有当初左顾右盼、流光四射的精神。这双手尤其使我动心——他分明换了一双手！手背上青筋缕缕，污黑的指头上绕着一圈圈皱纹，好像吐尽了丝而皱缩下去的老茧……于是，当年一切神秘的气氛和绝世的本领都从这双手上消失了。他抓着两只碗口已经碰得破破烂烂的茶碗，笨拙地翻来翻去，那四个小球儿，一会儿没头没脑地撞在碗边上，一会儿从手里掉下来。他的手不灵了！孩子们叫起来："球在那儿呢！""在手里哪！""指头中间夹着哪！"在这喊声里，他慌张，手就愈不灵，抖抖索索搞得他自己也不知道球儿都在哪里了。无怪乎四周的看客只是寥寥一些孩子。

"在他手心里，没错！决没在碗底下！"有个光脑袋的胖小子叫道。

我也清楚地看到，在快手刘扣过茶碗的时候，把地上的球儿取在手中。这动作缓慢迟钝，失误就十分明显。孩子们吵着闹着叫快手刘张开手，快手刘的手却攥得紧紧的，朝孩子们尴尬地掬出笑容。这一笑，满脸皱纹都挤在一起，好像一个皱纸团。他几乎用请求的口气说：

"是在碗里呢！我手里边什么也没有……"

当年神气十足的快手刘哪会用这种口气说话？这些稚气又认真的孩子们偏偏不依不饶，非叫快手刘张开手不可。他哪能张手，手一张开，一切都完了。我真不愿意看见快手刘这一副狼狈的、惶惑的、无措的窘态。多么希望他像当年那次——

由于我自作聪明，揭他老底，迫使他亮出一个捉摸不透的绝招。小球突然不翼而飞，呼之即来。如果他再使一下那个绝招，叫这些不知轻重的孩子们领略一下名副其实的快手刘而瞠目结舌多好！但他老了，不再会有那花好月圆的岁月年华了。

我走进孩子们中间，手一指快手刘身旁的木箱说：

“你们都说错了，球儿在这箱子上呢！”

孩子们给我这突如其来的话弄得莫名其妙，都瞅那木箱，就在这时，我眼角瞥见快手刘用一种尽可能的快速度把手里的小球塞到碗下边。

“球在哪儿呢？”孩子们问我。

快手刘笑呵呵翻开地上的茶碗说：

“瞧，就在这儿哪！怎么样？你们说错了吧，买块糖吧，这糖是纯糖稀熬的，单吃糖也不吃亏。”

孩子们给骗住了，再不喊闹。一两个孩子掏钱买糖，其余的一哄而散。随后只剩下我和从窘境中脱出身来的快手刘，我一扭头，他正瞧我。他肯定不认识我。他皱着花白的眉毛，饱经风霜的脸和灰蒙蒙的眸子里充满疑问，显然他不明白，我这个陌生的青年何以要帮他一下。

长衫老者

我幼时，家对门有条胡同，又窄又长，九曲八折，望进去深邃莫测。隔街是店铺集中的闹市，过往行人都以为这胡同通向那边闹市，是条难得的近道，便一头扎进去，弯弯转转，直走到头，再一拐，迎面竟是一堵墙壁，墙内有户人家。原来这是条死胡同！好晦气！凡是走到这儿来的，都恨不得把这面堵得死死的墙踹倒！

怎么办？只有认倒霉，掉头走出来。可是这么一往一返，不但没抄了近道，反而白跑了长长一段冤枉路。正像俗话说的：贪便宜者必吃亏。那时，只要看见一个人满脸丧气从胡同里走出来，哈，一准知道是撞上死胡同了！

走进这死胡同的，不仅仅是行人，还有一些小商小贩。为了省脚力，推车挑担串进来，这就热闹了。本来狭窄的道儿常常拥塞；叫车轱辘碰伤孩子的事也不时发生。没人打扫它，打扫也没用，整天土尘蓬蓬。人们气急就叫："把胡同顶头那家房子扒了！"房子扒不了，只好忍耐；忍耐久了，渐渐习惯。就这样，乱乱哄哄，好像它天经地义就该如此。

一天，来了一位老者，个子矮小，干净爽利，一件灰布长衫，红颜白须，目光清朗，胳肢窝夹个小布包包，看样子像教书先生。他走进胡同，一直往里，可过不久就返回来。嘿，又是一

这些饱受市井喧嚣的人家，
开始享受起幽居的静谧和安宁来了。

个撞上死胡同的！

这位长衫老者却不同常人。他走出来时，面无懊丧，而是目光闪闪，似在思索，然后站在胡同口，向左右两边光秃秃的墙壁望了望，跟着蹲下身，打开那布包，包里面有铜墨盒、毛笔、书纸和一个圆圆的带盖的小饭盆。他取笔展纸，写了端端正正、清清楚楚四个大字：此路不通。又从小盆里捏出几颗饭粒，代做糨糊，把这张纸贴在胡同口的墙壁上，看了两眼便飘然而去。

咦，谁料到这张纸一出，立刻出现奇迹。过路人若要抄近道扎进胡同，一见纸上的字，就转身走掉，小商贩们即使不识字，见这里进出人少，疑惑是死胡同，自然不敢贸然进去。胡同陡然清静多了。过些日子，这纸条给风吹雨打，残破了，胡同里的住家便想到用一块木板，仿照这四个字写在上边，牢牢钉在墙上，这样就长久地保留下来。

胡同自此大变样子。

它出现了从来没见过的情景：有人打扫，有人种花，有孩童玩耍；鸟雀也敢在地面上站一站。逢到一夜大雪过后，犹如一条蜿蜒洁白的带子，渐渐才给早起散步的老人们，踩上一串深深的雪窝窝。这些饱受市井喧嚣的人家，开始享受起幽居的静谧和安宁来了。

于是，我挺奇怪，本来这么简单的一举，为什么许多年里不曾有人想到？我因此愈加敬重那矮小、不知姓名、肯思索、更肯动手来做的长衫老者了……

猫　婆

我那小阁楼的后墙外，居高临下是一条又长又深的胡同，我称它为猫胡同。每日夜半，这里是猫儿们无法无天的世界。它们戏耍、求偶、追逐、打架，叫得厉害时有如小孩扯着嗓子嚎哭。吵得人无法入睡时，便常有人推开窗大吼一声“去——”，或者扔块石头瓦片轰赶它们。我在忍无可忍时也这样怒气冲冲干过不少次，每每把它们赶跑，静不多时，它们又换个什么地方接着闹，通宵不绝。为了逃避这群讨厌的家伙，我真想换房子搬家。奇怪，哪来这么多猫，为什么偏偏都跑到这胡同里来聚会闹事？

一天，我到一位朋友家去串门，聊天。他养猫，而且视猫如命。

我说：“我挺讨厌猫的。”

他一怔，扭身从墙角纸箱里掏出个白色的东西放在我手上。呀，一只毛线球大小雪白的小猫！大概它有点怕，缩成个团儿，小耳朵紧紧贴在脑袋上，一双纯蓝色亮亮的圆眼睛柔和又胆怯地望着我。我情不自禁赶快把它捧在怀里，拿下巴爱抚它蹭它毛茸茸的小脸，竟然对这朋友说：“太可爱了，把它送给我吧！”

我这朋友笑了，笑得挺得意，仿佛他用一种爱战胜了我不该有的一种怨恨。他家大猫这次一窝生了一对小猫——一只一双金黄眼儿，一只一双天蓝色眼儿。尽管他不舍得送人，对我却例外地割爱了。似乎为了要在我身上培养出一种与他同样的爱心来；真正的爱总希望大家共享，尤其对我这个厌猫者。

小猫一入我家，便成了我全家人的情感中心。起初它小，趴在我手掌上打盹睡觉，我儿子拿手绢当被子盖在它身上，我妻子拿眼药瓶吸牛奶喂它。它呢，喜欢像婴儿那样仰面躺着吃奶，吃得高兴时便用四只小毛腿抱着你的手，伸出柔软的、细砂纸似的小红舌头亲昵地舔你的手指尖……这样，它长大了，成为我家中的一员，并有着为所欲为的权利——睡觉可以钻进任何人的被窝儿，吃饭可以跳到桌上，蹲在桌角，想吃什么就朝什么叫，哪怕最美味的一块鱼肚或鹅肝，我们都会毫不犹豫地让给它。嘿，它夺去我儿子受宠的位置，我儿子却毫不妒忌它，反给它起了顶漂亮、顶漂亮的名字，叫蓝眼睛。这名字起得真好！每当蓝眼睛闯祸——砸了杯子或摔了花瓶，我发火了，要打它，但只要一瞅它那纯净光澈、惊慌失措的蓝眼睛，心中的火气顿时全消，反而会把它拥在怀里，用手捂着它那双惊恐瞪大的蓝眼睛，不叫它看，怕它被自己的冒失吓着……

我也是视猫如命了。

入秋，天一黑，不断有些大野猫出现在我家的房顶上，大概都是从后面猫胡同爬上来的吧。它们个个很丑，神头鬼脸向屋里张望。它们一来，蓝眼睛立即冲出去，从晾台蹿上屋顶，和它们对吼、厮打，互相穷追不舍。我担心蓝眼睛被这些大野猫咬死，关紧通向晾台的门，蓝眼睛便发疯似的抓门，还哀哀地向我乞求，后来我知道蓝眼睛是小母猫，它在发狂地爱，我便打开门不再阻拦。它天天夜出晨归，归来时，浑身滚满尘土，两眼却分外兴奋明亮，像蓝宝石。就这样，在很冷的一天夜里出去了，没再回来，我妻子站在晾台上拿根竹筷子"当当"敲着它的小饭盆，叫它，一连三天，期待落空。意想不到的灾难降临——蓝眼睛丢了！

情感的中心突然失去，家中每个人全空了。

我不忍看妻子和儿子噙泪的红眼圈，便房前房后去找。黑猫、白猫、黄猫、花猫、大猫、小猫，各种模样的猫从我眼前跑过，唯独没有蓝眼睛……懊丧中，一个孩子告诉我，猫胡同顶里边一座楼的后门里，住着一个老婆子，养了一二十只猫，人称猫婆，蓝眼睛多半是叫她的猫勾去的。这话点亮了我的希望。

当夜，我钻进猫胡同，在没有灯光的黑暗里寻到猫婆家的门，正想察看情形，忽听墙头有动静，抬头吓一跳，几只硕大的猫影黑黑地蹲在墙上。我轻声一唤"蓝眼睛"，猫影全都微动，眼睛处灯光似的一闪一闪，并不怕人。我细看，没有蓝眼睛，就守在墙根下等候，不时一只走开，跳进院里，不时又从院里爬上一只来，一直没等到蓝眼睛，但这院里似乎是个大猫洞，我那可怜的宝贝多半就在里边猫婆的魔掌之中了。我冒冒失失地拍门，非要进去看个究竟不可。

门打开，一个高高的老婆子出现——这就是猫婆了。里边亮灯，她背光，看不清面孔，只是一条墨黑墨黑神秘的身影。

我说我找猫，她非但没拦我，反倒立刻请我进屋去。我随她穿过小院，又低头穿过一道小门，是间阴冷的地下室。一股浓重噎人的猫味马上扑鼻而来。屋顶很低，正中吊下一个很脏的小灯泡，把屋内照得昏黄。一个柜子，一座生铁炉子，一张大床，地上几只放猫食的破瓷碗，再没别的，连一把椅子也没有。

猫婆上床盘腿而坐，她叫我也坐在床上。我忽见一团灰涂涂的棉被上，东一只西一只横躺竖卧着几只猫。我扫一眼这些猫，还是没有蓝眼睛。猫婆问我："你丢那猫什么样儿？"我描述一遍，她立即叫道："那大白波斯猫吧？长毛？大尾巴？蓝眼睛？见过见过，常从房上下来找我们玩，还在我们这儿吃过东西呢，多疼人的宝贝！丢几天了？"我盯住她那略显浮肿、苍白无光的老脸看，只有焦急，却无半点装假的神气。我说："五六天了。"她的脸顿时阴沉下来，停了片刻才说："您甭找了，回不来了！"我很疑心这话为了骗我，目光搜寻可能藏匿蓝眼睛的地方。这时，猫婆的手忽向上一指，呀，迎面横着的铁烟囱上，竟然还趴着好一大长排各种各样的猫！有的眼睛看我，有的闭眼睡觉，它们是在借着烟囱的热气取暖。

猫婆说："您瞧瞧吧，这都是叫人打残的猫！从高楼上摔坏的猫！我把它们拾回来养活的。您瞧那只小黄猫，那天在胡同口叫孩子们按着批斗，还要烧死它，我急了，一把从孩子们手里抢出来的！您想想，您那宝贝丢了这么多天，哪还有好？现在乡下常来一伙人，下笼子逮猫吃，造孽呀！他们在笼里放了鸟儿，把猫引进去，笼门就关上……前几天我的一只三花猫就没了。我的猫个个喂得饱饱的，不用鸟儿绝对引不走，那些狼心狗肺的家伙，吃猫肉，叫他们吃！吃得烂嘴、烂舌头、浑身烂、长疮、烂死！"

她说得脸抖，手也抖，点烟时，烟卷抖落在地。烟囱上那小黄猫，瘦瘦的，尖脸，很灵，立刻跳下来，叼起烟，仰起嘴，递给她。猫婆笑脸开花，咧着嘴不住地说："瞧，您瞧，这小东西多懂事！"像在夸赞她的一个小孙子。

我还有什么理由疑惑她？面对这天下受难猫儿们的救护神，告别出来时，不觉带着一点惭愧和狼狈的感觉。

蓝眼睛的丢失虽使我伤心很久，但从此不知不觉我竟开始关切所有猫儿的命运。猫胡同再吵再闹也不再打扰我的睡眠，似乎有一只猫叫，就说明有一只猫活着，反而令我心安。猫叫成了我的安眠曲……

转过一年，到了猫儿们求偶时节，猫胡同却忽然安静下来。

我妻子无意间从邻居那里听到一个不幸的消息：猫婆死了。同时——在她死后——才知道关于她在世时的一点点经历。

据说，猫婆本是先前一个开米铺老板的小婆，被老板的大婆赶出家门，住在猫胡同那座楼第一层的两间房子里。后又被当做资本家老婆，轰到地下室，她无亲无故，孑然一身，拾纸为生，以猫为伴，但她所养的猫没有一个良种好猫，都是拾来的弃猫、病猫和残猫。她天天从水产店拣些臭鱼烂虾煮了，放在院里喂猫，也就招引一些无家可归的野猫来填肚充饥，有的干脆在她家落脚。她有猫必留，谁也不知道她家到底有多少只猫。

"文革"前，曾有人为她找个伴儿，是个卖肉的老汉。结婚不过两个月，老汉忍受不了这些猫闹、猫叫、猫味儿，就搬出去住。人们劝她扔掉这些猫，接回老汉，她执意不肯，坚持与这些猫共享着无人能解的快乐。

前两个月，猫婆急病猝死，老汉搬回来，第一件事便是把这些猫统统轰走，被赶跑的猫儿依恋故人故土，每每回来，必遭老汉一顿死打，这就是猫胡同忽然不明不白静下来的根由了。

这消息使我的心一揪。那些猫，那些在猫婆床上、被上、烟囱上的猫，那些残的、病的、瞎的猫儿们呢？那只尖脸的、瘦瘦的、为猫婆叼烟卷的小黄猫呢？如今漂泊街头、饿死他乡，被孩子弄死，还是叫人用笼子捉去吃掉了？一种伤感与忧虑从我心里漫无边际地散开，散出去，随后留下的是一片沉重的空茫。这夜，我推开后窗向猫胡同望下去，只见月光下，猫婆家四周的房顶墙头趴着一只只猫影，大约有七八只，黑黑的，全都默不作声。这都是猫婆那些生死相依的伙伴，它们等待着什么呀？

从这天起，我常常把吃剩下的一些东西，一块馒头、一个鱼头或一片饼扔进猫胡同里去，这是我仅能做到的了，但这年里，我也不断听到一些猫这样或那样死去的消息，即使街上一只猫被轧死，我都认定必是那些从猫婆家里被驱赶出来的流浪儿。入冬后，我听到一个令人颤栗的故事——

我家对面一座破楼修理瓦顶。白天里瓦工们换瓦时活没干完，留下个洞，一只猫为了御寒钻了进去，第二天瓦工们盖上瓦走了，这只猫无法出来，急得在里边叫。住在这楼顶层的五六户人家都听到猫叫，还有在顶棚上跑来跑去的声音，但谁家也不肯将自家的顶棚捅坏，放它出来。这猫叫了三整天，开头声音很大、很惨、瘆人，但一天比一天声音微弱下来，直至消失！

听到这故事，我彻夜难眠。

更深夜半，天降大雪，猫胡同里一片死寂，这寂静化为一股寒气透进我的肌骨。忽然，后墙下传来一声猫叫，在大雪涂白了的胡同深处，猫婆故居那墙头上，孤零零趴着一只猫影，在凛冽中蜷缩一团，时不时哀叫一声，甚是凄婉。我心一动，是那尖脸小黄猫吗？忙叫声：“咪咪！”想下楼去把它抱上来，谁知一声唤，将它惊动，起身慌张跑掉。

猫胡同里便空无一物。只剩下一片夜的漆黑和雪的惨白，还有奇冷的风在这又长又深的空间里呼啸。

珍珠鸟

真好！朋友送我一对珍珠鸟。放在一个简易的竹条编成的笼子里，笼内还有一卷干草，那是小鸟舒适又温暖的巢。

有人说，这是一种怕人的鸟。

我把它挂在窗前，那儿还有一盆异常茂盛的法国吊兰。我便用吊兰长长的、串生着小绿叶的垂蔓蒙盖在鸟笼上，它们就像躲进深幽的丛林一样安全；从中传出的笛儿般又细又亮的叫声，也就格外轻松自在了。

阳光从窗外射入，透过这里，吊兰那些无数指甲状的小叶，一半成了黑影，一半被照透，如同碧玉；斑斑驳驳，生意葱茏。小鸟的影子就在这中间隐约闪动，看不完整。有时连笼子也看不出，却见它们可爱的鲜红小嘴儿从绿叶中伸出来。

我很少扒开叶蔓瞧它们，它们便渐渐敢伸出小脑袋瞅瞅我。我们就这样一点点熟悉了。

三个月后，那一团愈发繁茂的绿蔓里边，发出一种尖细又娇嫩的鸣叫。我猜到，是它们，有了雏儿。我呢？决不掀开叶片往里看，连添食加水时也不睁大好奇的眼去惊动它们。过不多久，忽然有一个小脑袋从叶间探出来。更小哟，雏儿！正是这个小家伙！

它小，就能轻易地由疏格的笼子钻出身。瞧，多么像它的

瞧，多么像它的母亲：
红嘴红脚，灰蓝色的毛，
只是后背还没有生出珍珠似的圆圆的白点；
它好肥，整个身子好像一个蓬松的球儿。

麻 雀

这种褐色、带斑点、乌黑的尖嘴小鸟，为什么要在城市里落户为生，我想，一定有个生动并颇含哲理意味的故事。不过这故事只能虚构了。

这是群精明的家伙。贼头贼脑，又机警，又多疑，似乎心眼儿极多，北方人称它们为“老家贼”。

它们从来不肯在金丝笼里美餐一顿精米细食，也不肯在镀银的鸟架上稍息片刻。如果捉它一只，拴上绳子，它就要朝着明亮的窗子，一边尖叫，一边胡乱扑飞，飞累了，就垂下来，像一个秤锤，还张着嘴喘气。第二天早上，它已经伸直腿，闭上眼死掉了。它没有任何可驯性，因此它不是家禽。

它们不像燕子那样，在人檐下搭窝。而是筑巢在高楼的犄角；或者在光秃秃的大墙中间，脱落掉一两块砖的洞眼儿里。在那儿，远远可见一些黄黄的草，五月间，便由那里传出雏雀儿一声声柔细的鸣叫。这些巢儿总是离地很远，又高又险，人手摸不到的地方。

经常同人打交道，它懂得了人的恶意。只要飞进人的屋子，人们总是先把窗子关上，然后连扑带打，跳上跳下，把它捉住，拿出去给孩子们玩弄，直到它死掉。从来没人打开窗子放它飞去。因此，一辈辈麻雀传下来的一个警句，就是：不要轻易相信人。麻雀生来就不相信人。它长着土的颜色,为了乱淆人的注意力。它活着,提心吊胆,没有一刻得以安心。逆境中磨炼出来的聪明,是它活下去的本领。它们几千年来生活在人间,精明成了它们必备的本领。你看,所有麻雀不都是这样吗?春去秋来的候鸟黄莺儿,每每经过城市都要死去一批,麻雀却在人间活下来。

它们每时每刻都在躲闪人,不叫人接近它们,哪怕那个人并没看见它,它也赶忙逃掉;它要在人间觅食,还要识破人们布下的种种圈套,诸如支起的箩筐,挂在树上的铁夹子,张在空间的透明的网等等,并且在这上边、下边、旁边撒下一些香喷喷的米粒面渣。还有那些特别智巧的人发明的一种又一种奇特的新捕具。

有时地上有一粒遗落的米,亮晶晶的,那么富于魅力地诱惑着它。它只能用饥渴的眼睛远远盯着它,却没有飞过去叼起来的勇气。它盯着,叫着,然后腾身而去——这因为它看见了无关的东西在晃动,惹起它的疑心或警觉;或者无端端地害怕起来。它把自己吓跑。这样便经常失去饱腹的机会,同时也免除了一些可能致死的灾难。

这种活在人间的鸟儿,长得细长精瘦,有一双显得过大的黑眼睛,目光却十分锐利。由于时时提防人,反要处处盯着人的一举一动。脑袋仿佛一刻不停地转动着,机警地左顾右盼;起飞的动作有如闪电,而且具有长久不息的飞行耐力。

它们总是吃不饱,需要往返不停地奔跑,而且见到东西就得快吃。有时却不能吃,那是要叼回窝里去喂饱羽毛未丰的雏雀儿。

雏雀儿长齐翅膀,刚刚学飞时,是异常危险的。它们跌跌撞撞,落到地上,就要遭难于人们的手中。更可怕的是,这些天真的幼雀,总把人料想得不够坏。因此,大麻雀时常对它们发出警告。诗人们曾以为鸟儿呢喃是一种开心的歌唱,实际上,麻雀一生的喊叫中,一半是对同伴发出的警戒的呼叫。这鸣叫里包含着惊心和紧张。人可以把夜莺儿鸣叫学得乱真,却永远学不会这种生存在人间的小鸟的语言。

愉快的声调是单纯的,痛苦的声音有时很奇特;喉咙里的音调容易仿效,心里的声响却永远无法模拟。

如果雏雀儿被人捉到, 大麻雀就会置生死于度外地扑来营救。因此人们常把雏雀儿捉来拴好,耍弄得它吱吱叫喊,旁边设下埋伏, 来引大麻雀入网, 这种利用血缘情感来捕杀麻雀,是万无一失的。每每此时,大麻雀总是失去理智地扑去,结果做了人们晚间酒桌上一碟新鲜的佳肴。

在这些小生命中间,充满了惊吓、危险、饥荒、意外袭击和一桩桩想起来后怕的事, 以及难得的机遇——院角一撮生霉的米。

它们这样劳碌奔波,终日躲避灾难,只为了不入笼中,而在各处野飞野跑。大多数鸟儿都习惯了一方天地的笼中生活,用一身招徕人喜欢的羽翼,耍着花腔,换得温饱。唯有麻雀甘心在风风雨雨中,过着饥饿疲惫又担惊受怕的日子。人憎恶麻雀的天性。凡是人不能喂养的鸟儿,都称作“野鸟”。

但野鸟可以飞来飞去;可以直上云端,徜徉在凉爽的雨云边;可以掠过镜子一样的水面;还可以站在钻满绿芽的春树枝头抖一抖疲乏的翅膀。可以像笼鸟们梦想的那样。

到了冬天,人们关了窗子,把房内烧暖,麻雀更有一番艰辛,寒冽的风整天吹着它们。尤其是大雪盖严大地,见不到食物,它们常常忍着饥肠饿肚,一串串落在人家院中晾衣绳上,瑟缩着头,细细的脚给肚子的毛盖着。北风吹着它们的胸脯,远看像一个个褐色的绒球。同时它们的脑袋仍在不停地转动,还在不失对人为不幸的警觉。

哎,朋友,如果你现在看见,一群麻雀正在窗外一家楼顶熏黑的烟囱后边一声声叫着,你该怎么想呢?

无书的日子

你出外旅行，在某个僻远的小镇住进一家小店，赶上天阴落雨，这该死的连绵的雨把你闷在屋里。你拉开提包锁链，呀，糟糕之极！竟然把该带在身边的一本书忘在家中——这是每一个出外的人经常会碰到的遗憾。你怎么办？身在他乡，陌生无友，手中无书，面对雨窗孤坐，那是何等滋味？我吗，嘿，我自有我的办法！

道出这办法之前，先要说这办法的由来。

我家在“文革”初被洗劫一空。藏书千余，听凭革命造反派们撕之毁之，付之一炬。抄家过后，收拾破破烂烂的家具杂物时，把残书和哪怕是零零散散的书页万分珍惜地敛起来，整理、缝钉，破口处全用玻璃纸粘好；完整者寥寥，残篇散页却有一大包袱。逢到苦闷寂寞之时，便拿出来读。读书如听音乐，一进入即换一番天地。时入蛮荒远古，时入异国异俗，时入霞光夕照，时入人间百味。一时间，自身的烦扰困顿乃至四周的破门败墙全都化为乌有，书中世界与心中世界融为一体——人物的苦恼赶走自己的苦恼，故事的紧张替代现实的紧张，即便忧伤悒郁之情也换了一种。艺术把一切都审美化，丑也是一种美，在艺术中审丑也是审美，也是享受。

但是，我从未把书当做伴我消度时光的闲友，而把它们认定是充实和加深我的真正伙伴。你读书,尤其是那些名著,就是和人类历史上最杰出的先贤智者相交!这些先贤智者著书或是为了寻求别人理解,或是为了探求人生的途径与处世的真理。不论他们的箴言沟通于你的人生经验,他们聪慧的感受触发你的悟性,还是他们天才的思想顿时把你蒙昧混沌的头颅透彻照亮——你的脑袋仿佛忽然变成一只通电发亮的灯——他们不是你最宝贵的精神朋友吗?

半本《约翰·克利斯朵夫》几乎叫我看烂,散页中的中外诗词全都烂熟于我心中。然而,读这些无头无尾的残书倒别有一种体味,就像面对残断胳膊的维纳斯时,你不知不觉会用你自己最丰富的想象去安装它。书中某一个人物的命运由于缺篇少章不知后果,我并不觉得别扭,反而用自己的想象去发展它,完成它。我按照自己的意志为它们设想出必然的命运变化和结局。我感到自己就像命运之神那样安排着一个个生命有意味的命运历程。当时,我的命运被别人掌握,我却掌握着另一些“人物”的命运;前者痛苦,后者幸福。

往往我给一个人物设计出几种结局。小说中人物的结局才是人物的完成。当然我不知道这些人物在原书中的结局是什么,我就把自己这些续篇分别讲给不同的朋友听。凡是某一种结局感动了朋友,我就认定原作一定是这样,好像我这才是真本,听故事的朋友们自然也都深信不疑。

“文革”后,书都重新出版了。常有朋友对我说:“你讲的那本书最近我读了,那人物根本没死,结尾也不是你讲的那样……”他们来找我算账;不过也有的朋友望着我笑而不答的脸说:“不过,你那样结束也不错……”

当初,续编这些残书未了的故事,我干得挺来劲儿,因为在续编中，我不知不觉使用了自己的人生经验，调动出我生活中最生动、独特和珍贵的细节，发挥了我的艺术想象。而享受自己的想象才是最醉心的，这是艺术创造者们所独有的一种感受。后来，又是不知不觉，我脱开别人的故事轨道，自己奔跑起来。世界上最可爱的是纸，偏偏纸多得无穷无尽，它们是文学挥洒的无边无际的天地。我开始把一张张洁白无瑕的纸铺在桌上，写下心中藏不住的、唯我独有的故事。

写书比读书幸福得多了。

读书是欣赏别人，写书是挖掘自己；读书是接受别人的沐浴，写作是一种自我净化。一个人的两只眼用来看别人，但还需要一只眼对向自己，时常审视深藏自身中的灵魂，在你挑剔世界的同时还要同样地挑剔自己。写作能使你愈来愈公正、愈严格、愈开阔、愈善良。你受益于文学的首先是这样的自我更新和灵魂再造，否则你从哪里获得文学所必需的真诚？

读书是享用别人的创造成果，写书是自己创造出来供给他人享用。文学的本质是从无到有；文学毫不宽容地排斥仿造，人物、题材、形式、方法，哪怕别人甚至自己使用过的一个巧妙的比喻也不容在你笔下再次出现。当它所有的细胞都是新生的，才能说你创造了一个新生命。于是你为这世界提供一个有认识价值、并充满魅力的新人物，它不曾在人间真正活过一天，却有名有姓有血有肉，并在许许多多读者心底深刻并形象地存在着；一些人从它身上发现身边的人，一些人从它个性中发现自己；人们从中印证自己，反省过失，寻求教训，发现生存价值和生活真谛……还有，世界上一切事物在你的创作中，都带着光泽、带着声音、带着生命的气息和你的情感而再现，而这所有一切又都是在你两三尺小小书桌上诞生的，写书是多么令人迷醉的事情啊!

在那无书的日子里，我是被迫却又心甘情愿地走到这条道路上去的,这便是写书。

无书而写书,失而复得,生活总是叫你失掉的少,获得的多。

嘿嘿,这就是我要说的了——

每当旅行在外,手边无书,我就找几块纸铺展在桌。哪怕一连下上它半个月的雨,我照旧充满活力、眼光发亮、有声有色地呆在屋中。我可不是拿写书当做一种消遣。我在做上帝做过的事:创造生命。

往事如"烟"

从家族史的意义上说,抽烟没有遗传。虽然我父亲抽烟,我也抽过烟,但在烟上我们没有基因关系。我曾经大抽其烟,我儿子却绝不沾烟,儿子坚定地认为不抽烟是一种文明。看来个人的烟史是一段绝对属于自己的人生故事。而且在开始成为烟民时,就像好小说那样,各自还都有一个"非凡"的开头。

记得上小学时,我做肺部的X光透视检查。医生一看我肺部的影像,竟然朝我瞪大双眼,那神气好像发现了奇迹。他对我说:"你的肺简直跟玻璃的一样,太干净太透亮了。记住,孩子,长大可绝对不要吸烟!"

可是,后来步入艰难的社会。我从事仿制古画的单位被"文革"的大锤击碎。我必须为一家塑料印刷的小作坊跑业务,天天像沿街乞讨一样,钻进一家家工厂去寻找活计。而接洽业务,打开局面,与对方沟通,先要敬上一支烟。烟是市井中一把打开对方大门的钥匙。可最初我敬上烟时,却只是看着对方抽,自己不抽。这样反倒有些尴尬。敬烟成了生硬的"送礼"。于是,我便硬着头皮开始了抽烟的生涯。为了敬烟而吸烟。应该说,我抽烟完全是被迫的。

儿时,那位医生叮嘱我的话,那句金玉良言,我至今未忘。但生活的警句常常被生活本身击碎。因为现实总是至高无上的。甚至还会叫真理甘拜下风。当然,如果说起我对生活严酷性的体验,这还只是九牛一毛呢!

古人以为诗人离不开酒，酒后的放纵会给诗人招来意外的灵感;今人以为作家的写作离不开烟,看看他们写作时脑袋顶上那纷纭缭绕的烟缕,多么像他们头脑中翻滚的思绪呵。但这全是误解！好的诗句都是在清明的头脑中跳跃出来的;而“无烟作家”也一样写出大作品。

他们并不是为了写作才抽烟。他们只是写作时也要抽烟而已。

真正的烟民全都是无时不抽的。

他们闲时抽,忙时抽;舒服时抽,疲乏时抽;苦闷时抽,兴奋时抽;一个人时抽,一群人时更抽;喝茶时抽,喝酒时抽;饭前抽几口,饭后抽一支;睡前抽几口,醒来抽一支。右手空着时用右手抽,右手忙着时用左手抽。如果坐着抽,走着抽,躺着也抽,那一准是头一流的烟民。记得我在自己烟史的高峰期,半夜起来还要点上烟,抽半支,再睡。我们误以为烟有消闲、解闷、镇定、提神和助兴的功能,其实不然。对于烟民来说,不过是这无时不伴随着他们的小小的烟卷，参与了他们大大小小一切的人生苦乐罢了。

我至今记得父亲挨整时,总躲在屋角不停地抽烟。那个浓烟包裹着的一动不动的蜷曲的身影，是我见到过的世间最愁苦的形象。烟,到底是消解了还是加重了他的忧愁和抑郁?

那么,人们的烟瘾又是从何而来?

烟瘾来自烟的魅力。我看烟的魅力,就是在你把一支雪白和崭新的烟卷从烟盒抽出来,性感地夹在唇间,点上,然后深深地将雾化了的带着刺激性香味的烟丝吸入身体而略感精神一爽的那一刻。即抽第一口烟的那一刻。随后,便是这吸烟动作的不断重复。而烟的魅力在这不断重复的吸烟中消失。

其实,世界上大部分事物的魅力,都在这最初接触的那一刻。

我们总想去再感受一下那一刻,于是就有了瘾。所以说,烟瘾就是不断燃起的“抽上一口”——也就是第一口烟的欲求。这第一口之后再吸下去,就成了一种毫无意义的习惯性的行为。我的一位好友张贤亮[①]深谙此理,所以他每次点上烟,抽上两三口,就把烟按死在烟缸里。有人说,他才是最懂得抽烟的。他抽烟一如赏烟。并说他是“最高品位的烟民”。但也有人说,这第一口所受尼古丁的伤害最大,最具冲击性,所以笑称他是“自残意识最清醒的烟鬼”。但是,不管怎么样,烟最终留给我们的是发黄的牙和夹烟卷的手指,熏黑的肺,咳嗽和痰喘,还有难以谢绝的烟瘾本身。

父亲抽了一辈子烟。抽得够凶。他年轻时最爱抽英国老牌的“红光”,后来专抽“恒大”。“文革”时发给他的生活费只够吃饭,但他还是要挤出钱来,抽一种军绿色封皮的最廉价的“战斗”牌纸烟。如果偶尔得到一支“墨菊”、“牡丹”,便像今天中了彩那样,立刻眉开眼笑。这烟一直抽得他晚年患“肺气肿”,肺叶成了筒形,呼吸很费力,才把烟扔掉。

十多年前,我抽得也凶,尤其是写作中。我住在北京人民文学出版社写长篇时,四五个作家挤在一间屋里,连写作带睡觉。我们全抽烟。天天把小屋抽成一片云海。灰白色厚厚的云

① 张贤亮(1936年—2014年),中国当代作家,著有《绿化树》《男人的一半是女人》和《灵与肉》等。

层静静地浮在屋子中间。烟民之间全是有福同享。一人有烟大家抽，抽完这人抽那人。全抽完了，就趴在地上找烟头。凑几个烟头，剥出烟丝，撕一条稿纸卷上，又一支烟。可有时晚上躺下来，忽然害怕桌上烟火未熄，犯起了神经质，爬起来查看查看，还不放心。索性把新写的稿纸拿到枕边，怕把自己的心血烧掉。

烟民做到这个份儿，后来戒烟的过程必然十分艰难。单用意志远远不够，还得使出各种办法对付自己。比方，一方面我在面前故意摆一盒烟，用激将法来捶打自己的意志；一方面，在烟瘾上来时，又不得不把一支不装烟丝的空烟斗叼在嘴上。好像在戒奶的孩子的嘴里塞上一个奶嘴，致使来访的朋友们哈哈大笑。

只有在戒烟的时候，才会感受到烟的厉害。

最厉害的事物是一种看不见的习惯。当你与一种有害的习惯诀别之后，又找不到新的事物并成为一种习惯时，最容易出现的便是返回去。从生活习惯到思想习惯全是如此。这一点也是我在小说《三寸金莲》中“放足”那部分着意写的。

如今我已经戒烟十年有余。屋内烟消云散，一片清明，空气里只有观音竹细密的小叶散出的优雅而高逸的气息。至于架上的书，历史的界线更显分明；凡是发黄的书脊，全是我吸烟时代就立在书架上的；此后来者，则一律鲜明夺目，毫无污染。今天，写作时不再吸烟，思维一样灵动如水，活泼而光亮。往往看到电视片中出现一位奋笔写作的作家，一边皱眉深思，一边喷云吐雾，我会哑然失笑。并庆幸自己已然和这种糟糕的样子永久地告别了。

一个边儿磨毛的皮烟盒，一个老式的有机玻璃烟嘴，陈放在我的玻璃柜里。这是我生命的文物。但在它们成为文物之后,所证实的不仅仅是我做过烟民的履历,它还会忽然鲜活地把昨天生活中某一个画面唤醒,就像我上边描述的那种种的细节和种种的滋味。

去年,我去北欧,在爱尔兰首都都柏林的一个小烟摊前。忽然一个圆形红色的形象跳到眼中。我马上认出这是父亲半个世纪前常抽的那种英国名牌烟“红光”。一种十分特别和久违的亲切感拥到我的身上。我马上买了一盒。回津后,在父亲祭日那天,用一束淡雅的花衬托着,将它放在父亲的墓前。这一瞬竟叫我感到了父亲在世一般的音容,很生动,很贴近。这真是奇妙的事!虽然我明明知道这烟曾经有害于父亲的身体,在父亲活着的时候,我希望彻底撇掉它。但在父亲离去后,我为什么又把它十分珍惜地自万里之外捧了回来?

我明白了,这烟其实早已经是父亲生命的一部分。

从属于生命的事物,一定会永远地记忆着生命的内容。特别是在生命消失之后。我这句话是广义的。

物本无情,物皆有情,这两句话中间的道理便是本文深在的主题。

致大海

——为冰心送行而作

今天是给您送行的日子，冰心老太太！

我病了，没去成，这也许会成为我终生的一个遗憾。但如果您能听到我这话，[illegible]准会说："是你成心不来！"那我不会再笑，反而会落下泪来。

十点钟整，这是朋友们向您鞠躬告别的时刻，我在书房一片散尾竹的绿影里跪伏下来，向着西北方向——您遥远的静卧的地方，恭敬地磕了三个头。然后打开音乐，凝神默对早已备置在案前的一束玫瑰。当然，这就是面对您。本来心里缭乱又沉重，但渐渐的我那特意选放的德彪西的《大海》发生了神奇的效力，涛声所至，愁云廓散。心里渐如海天一般辽阔与平静。于是您往日那些神气十足的音容笑貌全都呈现出来，而且愈来愈清晰，一直逼近眼前。

我原打算与您告别时，对您磕这三个头。当然，绝大部分人一定会诧异于我何以非要行此大礼。他们哪里知道这绝非一种传统方式，一种中国人极致的礼仪，而是我对您特殊的爱的方式，这里边的所有细节我全部牢牢记得。

八十年代末，一个您生命的节日——十月五日。我在天津东郊一位农人家中，听说他家装了电话，还能挂长途，便抓起话筒拨通了您家。我对着话筒大声说：

“老太太，我给您拜寿了！”

您马上来了幽默。您说：“你不来，打电话拜寿可不成。”您的口气还假装有点生气。但我却知道在电话那端，您一定在笑，我好像看见了您那慈祥的并带着童心的笑容。

为了哄您高兴，我说：“我该罚，我在这儿给您磕头了！”

您一听果然笑了，而且抓着这个笑话不放，您说：“我看不见。”

我说：“我旁边有人，可以作证。”

您说：“他们都是你一伙的，我不信。”

本来我想逗您乐，却被您逗得乐不可支。谁说您老，您的机敏和反应能超过任何年轻人。我只好说：“您把这笔账先记在本子上。等我和您见面时，保证补上。”

这便是磕头的来历，对不对？从此，它成了每次见面必说的一个玩笑的由头。只要说说这个笑话，便立即能感受到与您之间那种率真、亲切、又十分美好的感觉。

大约是九二年底，我在中国美术馆举办画展期间，和妻子顾同昭，还有三两朋友一同去看您。那天您特别爱说话，特别兴奋，特别精神；您一向底气深厚的嗓音由于提高了三度，简直洪亮极了。您说，前不久有一位大人物来看您，说了些“长寿幸福”之类吉祥话。您告诉他，您虽长寿，却不总是幸福的。您说自己的一生正好是“酸甜苦辣”四个字。跟着您把这四个字解释得明白有力，铮铮作响。

您说，您的少时留下许多辛酸——这是酸；青年时代还算留下一些甜美的回忆——这是甜；中年以后，“文革”十年，苦不堪言——这是苦；您现在老了，但您现在却是——“姜是老的辣”。当您说到这个“辣”字时，您的脖子一梗。我便看到了您

只要是海，
都是无边的大。

身上的骨气。老太太,那一刻您身上真是闪闪发光呢!

这话我当您的面是不会说的。我知道,您不喜欢听这种话,但我现在可以说了。

记得那天,您还问我:“要是碰到大人物,你敢说话吗?”没等我说,您又进一步说道,“说话谁都敢,看你说什么。要说别人不敢说、又非说不可的话。冯骥才——你拿的工资可是人民给的,不是领导给的。领导的工资也是人民给的。拿了人民的钱就得为人民说话,不要怕!”

说完您还着意地看了我一眼。

老太太,您这一眼可好厉害。您似乎要把这几句话注入我的骨头里。但您知道吗?这也正是我总愿意到您那里去的真正缘故。

我喜欢您此时的样子,很气概,很威风,也很清晰。您吐字和您写字一样,一笔一划,从不含混。您一生都明达透彻,思想在脑海里如一颗颗美丽的石子沉在清亮见底的水中。您享受着清晰,从来不委身于糊涂。

再说那天,老太太!您怎么那么高兴。您把我妻子叫到跟前,您亲亲她,还叫我也亲亲她。大家全笑了。您把天堂的画面搬到大家眼前,融融的爱意使每一个人的心情都充满美好。于是在场朋友们说,冯骥才总说给冰心磕头拜寿,却没见过真的磕过头。您笑嘻嘻地说我:“他是个口头革命派!”

我听罢,立即趴在地上给您磕了三个头。您坐在轮椅上无法阻拦我,但我听见您的声音:“你怎么说来就来。”等我起身,见您被逗得正在止不住地笑,同时还第一次看到您挺不好意思的表情。我可不愿意叫您发窘。我说:“照老规矩,晚辈磕头,得给红包。”

您想了想，边拉开抽屉，边说："我还真的有件奖品给你。今年过生日时，有人给我印了一种寿卡，凡是朋友们来拜寿，我就送一张给他做纪念。我还剩点，奖给你一张吧！"

粉红色的卡片精美雅致，名片大小，上边印着金色的寿字，还有您的名字与生日的日子。卡片的背面是您手书自己的那句座右铭："有了爱便有了一切。"

您说，这寿卡是编号的，限数一百。您还说，这是他们为了叫您长命百岁。

我接过寿卡一看，编号77，顺口说："看来我既活不到您这分量，也活不到您这岁数了。"

您说："胡说。你又高又大，比我分量大多了。再说你怎么知道自己不长寿？"

我说："编号一百是百岁，我这是77号，这说明我活77岁。"

您嗔怪地说："更胡说了。拿来——"您要过我手中的寿卡，好像想也没想，拿起桌上的圆珠笔在编号每个"7"字横笔的下边，勾了半个小圈儿，马上变成99号了！您又写上一句："骥才万寿，冰心，1992.12.20"。

大家看了大笑，同时无不惊奇。您的智慧、幽默、机敏，令人折服。您的朋友们都常常为此惊叹不已！尽管您坐在轮椅上，您的思维之神速却敢和这世界上任何人赛跑。但对于我，从中更深深的感动则来自一种既是长者又是挚友的爱意。可使我一直不解的是，您历经那么多时代的不幸，对人间的诡诈与丑恶的体验较我深切得多。然而，您为何从不厌世，不避世，不警惕世人，却对人们依然始终紧拥不弃，痴信您那句常常会使自己陷入被动的无限美好的格言"有了爱便有了一切"？这到底是为了一种信念，还是一种天性使然？

我想到一件更远的事。

那时吴文藻先生还在世。那天是您和吴先生金婚的纪念日。我和楚庄、邓伟志等几位文友去看您。您那天新裤新褂，容光焕发；您总是这么神采奕奕，叫人家无论碰到怎样的打击也无法再垂头丧气。

那天聊天时，没等我们问您就自动讲起当年结婚时的情景。您说，您和吴文藻度蜜月，是相约在北京西山的一个古庙里。

您当时的神气真像回到了六十年前——

您说，那天您在燕京大学讲完课，换一件干净的蓝旗袍，把随身用品包一个方方正正的小布包，往胳肢窝里一夹就去了。到了西山，吴文藻还没来——说到这儿，您还笑一笑说："他就这么糊涂！"

您等待时间长了，口渴了，便在不远的农户那儿买了几根黄瓜，跑到井边洗了洗，坐在庙门口高高的门坎上吃黄瓜，一时引得几个农家的女人来到庙前瞧新媳妇。这样直等到您的新郎吴文藻姗姗来迟。

您结婚的那间房子是庙里后院的一间破屋，门关不上，晚上屋里经常跑大耗子，桌子有一条腿残了，晃晃当当。"这就是我们结婚的情景。"说到这儿，您大笑，很快活，弄不清您是自嘲，还是为自己当年的清贫又洒脱而洋洋自得。这时您话锋一转，忽问我："冯骥才，你怎么结的婚？"

我说："我还不如您哪。我是'文革'高潮时结的婚！"

您听了一怔，便说："那你说说。"

我说那时我和未婚妻两家都被抄了，结婚没房子，街道赤卫队队长人还算不错，给我们一间几平米的小屋。结婚那天，我和我爱人的全家去了一个小饭馆吃饭。我父亲关在牛棚，母亲的头发被红卫兵铰了，没能去。我把劫后仅有的几件衣服叠了叠，放在自行车后车架上，但在路上颠掉了，结婚时两手空空。由于我们都是被抄户，更不敢说“庆祝”之类的话，大家压低嗓子说：“祝贺你们！”然后不出声地碰一下杯子。

饭后我们就去那间小屋。屋里空荡荡，四个房角，看得见三个。床是用砖块和木板搭的。要命的是，我这间小屋在二楼，楼下是一个红卫兵“总部”。他们得知楼上有两个狗崽子结婚，虽然没上来搜查盘问，却不断跑到院里往楼上吹喇叭，还一个劲儿打手电，电光就在我们天花板上扫来扫去。我们便和衣而卧。我爱人吓得靠在我胸前哆嗦了一个晚上。“这就是我们的新婚之夜！”我说。

我讲述这件事时，您听得认真又紧张。我想完事您一定会说出几句同情的话来。可是您却微笑又严肃地对我说：“冯骥才，你可别抱怨生活，你们这样的结婚才能永远记得，大鱼大肉的结婚都是大同小异，过后是什么也记不住的。”

您的话使我出其不意。

一下子，您把我的目光从一片荆棘的困扰中引向一片大海。

哎哎，您没有把我送给您那幅关于海的画带走吧？

那幅画我可是特意为您画得那么小，您的房间太窄，没有挂大画的墙壁。但是您告诉我：“只要是海，都是无边的大。”

我把您那本译作《先知》的封面都翻掉了。因此我熟悉您这种诗样的语言所裹藏的深邃的寓意。我送给您一幅画，您送给我这一句话。

我在那幅蓝色的画里，给您画了许多阳光；您在这个短句中，给了我无尽的放达的视野。

在与您的交往中，我懂得了什么是“大”。大，不是目空一切，不是作宏观状，不是超然世外，或从权力的高度俯视天下。人间的事物只要富于海的境界都可以既博大又亲近，既辽阔又丰盈。那便是大智，大勇，大仁，大义，大爱，与正大光明。

德彪西的《大海》全是画面。

被狂风掀起的水雾与低垂的阴云融成一片；雪色的排天大浪迸溅出的全是它晶莹透明的水珠。一束夕照射入它蓝幽幽的深处，加倍反映出夺目的光芒。瞬息间，整个世界全是细密的迷人的柔情的微波。大海中从无云影，只有阳光。这因为，它不曾有过瞬息的静止；它永远跃动不已的是那浩瀚又坦荡的生命。

这也正是您的海。我心里的您！

我忽然觉得，我更了解您。

我开始奇怪自己，您在世时，我不是对您已经十分熟悉与理解了吗？但为什么，您去了，反倒对您忽有所悟，从而对您认识更深，感受也更深呢？无论是您的思想、气质、爱，甚至形象，还有您的意义。这真是个神奇的感觉！于是，我不再觉得失去了您，而是更广阔又真切地拥有了您；我不再觉得您愈走愈远，却感到您从来没有像此刻这样的贴近。远离了大海，大海反而进入我的心中。我不曾这样为别人送行过。我实实在在是在享受着一种境界。并不知不觉在我心里响起少年时代记忆得刻骨铭心的普希金那首长诗《致大海》的结尾：

再见吧，大海！我永远不会
忘记你庄严的容光，

我将久久地久久地听着，
你黄昏时分的轰响；
我的心将充满了你，
我将把你的山岩，你的海湾，
你的光和影，你浪花的喋喋，
带到森林，带到寂寞的荒原。

时 光

一岁将尽，便进入一种此间特有的情氛中。平日里奔波忙碌，只觉得时间的紧迫，很难感受到“时光”的存在。时间属于现实，时光属于人生。然而到了年终时分，时光的感觉乍然出现。它短促、有限、性急，你在后边追它，却始终抓不到它飘举的衣袂。它飞也似的向着年的终点扎去。等到你真的将它超越，年已经过去，那一大片时光便留在过往不复的岁月里了。

今晚突然停电，摸黑点起蜡烛。烛光如同光明的花苞，宁静地浮在漆黑的空间里；室内无风，这光之花苞便分外优雅与美丽；些许的光散布开来，朦胧依稀地勾勒出周边的事物。没有电就没有音乐相伴，但我有比音乐更好的伴侣——思考。

可是对于生活最具悟性的，不是思想者，而是普通大众。比如大众俗语中，把临近年终这几天称作“年根儿”，多么真切和形象！它叫我们顿时发觉，一棵本来是绿意盈盈的岁月之树，已被我们消耗殆尽，只剩下一点点根底。时光竟然这样的紧迫、拮据与深浓……

一下子，一年里经历过的种种事物的影像全都重叠地堆在眼前。不管这些事情怎样庞杂与艰辛，无奈与突兀。我更想从中找到自己的足痕。从春天落英缤纷的京都退藏到冬日小雨空濛的雅典德尔菲遗址；从重庆荒芜的红卫兵墓到津南那条神奇的蛤蜊堤；从一个会场到另一个会场，一个活动到另一个活动中；究竟哪一些足迹至今清晰犹在，哪一些足迹杂沓模糊甚至早被时光干干净净一抹而去？

我瞪着眼前的重重黑影，使劲看去。就在烛光散布的尽头，忽然看到一双眼睛正直对着我。目光冷峻锐利，逼视而来。这原是我放在那里的一尊木雕的北宋天王像。然而此刻他的目光却变得分外有力。它何以穿过夜的浓雾，穿过漫长的八百年，锐不可当、拷问似的直视着任何敢于朝他瞧上一眼的人？显然，是由于八百年前那位不知名的民间雕工传神的本领、非凡的才气；他还把一种阳刚正气和直逼邪恶的精神注入其中。如今那位无名雕工早已了无踪影，然而他那令人震撼的生命精神却保存下来。

在这里，时光不是分毫不曾消逝吗？

植物死了，把它的生命留在种子里；诗人离去，把他的生命留在诗句里。

时光对于人，其实就是生命的过程。当生命走到终点，不一定消失得没有痕迹，有时它还会转化为另一种形态存在或再生。母与子的生命的转换，不就在延续着整个人类吗？再造生命，才是最伟大的生命奇迹。而此中，艺术家们应是最幸福的一种。唯有他们能用自己的生命去再造一个新的生命。小说家再造的是代代相传的人物；作曲家再造的是他们那个可以听到的迷人而永在的灵魂。

此刻，我的眸子闪闪发亮，视野开阔，房间里的一切艺术珍品都一点点地呈现。它们不是被烛光照亮，而是被我陡然觉醒的心智召唤出来的。

其实我最清晰和最深刻的足迹，应是书桌下边，水泥的地

植物死了，
把它的生命留在种子里；
诗人离去，
把他的生命留在诗句里。

面上那两个被自己的双足磨成的浅坑。我的时光只有被安顿在这里，它才不会消失，而被我转化成一个个独异又鲜活的生命，以及一行行永不褪色的文字。然而我一年里把多少时光抛入尘嚣，或是支付给种种一闪即逝的虚幻的社会场景。甚至有时属于自己的时光反成了别人的恩赐。检阅一下自己创造的人物吧，掂量他们的寿命有多长。艺术家的生命是用他艺术的生命计量的。每个艺术家都有可能达到永恒，放弃掉的只能是自己。是不是？

迎面那宋代天王瞪着我，等我回答。

我无言以对，尴尬到了自感狼狈。

忽然，电来了，灯光大亮，事物通明，恍如更换天地。刚才那片幽阔深远的思想世界顿时不在，唯有烛火空自燃烧，显得多余。再看那宋代的天王像，在灯光里仿佛换了一个神气，不再那样咄咄逼人了。

我也不用回答他，因为我已经回答自己了。

日 历

我喜欢用日历,不用月历。为什么?

厚厚一本日历是整整一年的日子。每扯下一页,它新的一页——光亮而开阔的一天便笑嘻嘻地等着我去填满。我喜欢日历每一页后边的"明天"的未知,还隐含着一种希望。"明天"乃是人生中最富魅力的字眼儿。生命的定义就是拥有明天。它不像"未来"那么过于遥远与空洞。它就守候在门外。走出了今天便进入了全新的明天。白天和黑夜的界线是灯光;明天与今天的界线还是灯光。每一个明天都是从灯光熄灭时开始的。那么明天会怎样呢?当然,多半还要看你自己的。你快乐它就是快乐的一天,你无聊它就是无聊的一天,你匆忙它就是匆忙的一天;如果你静下心来就会发现,你不能改变昨天,但你可以决定明天。有时看起来你很被动,你被生活所选择,其实你也在选择生活,是不是?

每年元月元日,我都把一本新日历挂在墙上。随手一翻,光溜溜的纸页花花绿绿滑过手心,散着油墨的芬芳。这一刹那我心头十分快活。我居然有这么大把大把的日子!我可以做多少事情!前边的日子就像一个个空间,生机勃勃,宽阔无边,迎面而来。我发现时间也是一种空间。历史不是一种空间吗?人的一生不是一个漫长又巨大的空间吗?一个个"明天",不就像是一间间空屋子吗？那就要看你把什么东西搬进来。可是，时间的空间是无形的，触摸不到的。凡是使用过的日子，立即就会消失，抓也抓不住，而且了无痕迹。也许正是这样，我们便会感受到岁月的匆匆与虚无。

有一次，一位很著名的表演艺术家对我讲她和她的丈夫的一件事。她唱戏，丈夫拉弦。他们很敬业。天天忙着上妆上台，下台下妆，谁也顾不上认真看对方一眼，几十年就这样过去了。一天老伴忽然惊讶地对她说："哎哟，你怎么老了呢！你什么时候才老的呀？我一直都在你身边怎么也没发现哪！"她受不了老伴脸上那种伤感的神情。她就去做了美容，除了皱，还除去眼袋。但老伴一看，竟然流下泪来。时针是从来不会逆转的。倒行逆施的只有人类自己的社会与历史。于是，光阴岁月，就像一阵阵呼呼的风或是闪闪烁烁的流光；它最终留给你的只有是无奈而频生的白发和消耗中日见衰弱的身躯。为此，你每扯去一页用过的日历时，是不是觉得有点像扯掉一个生命的页码？

我不能天天都从容地扯下一页。特别是忙碌起来，或者从什么地方开会、活动、考察、访问归来，看见几页或十几页过往的日子挂在那里，黯淡、沉寂和没用；被时间掀过的日历好似废纸。可是当我把这一叠用过的日子扯下来，往往不忍丢掉，而把它们塞在书架的缝隙或夹在画册中间。就像从地上拾起的落叶。它们是我生命的落叶！

别忘了，我们的每一天都曾经生活在这一页一页的日历上。

记得1976年唐山大地震那天，我住在长沙路思治里十二号那个顶层上的亭子间被彻底摇散，震毁。我一家三口像老鼠那样找一个洞爬了出来。当我双腿血淋淋地站在洞外，那感觉真像从死神的指缝里侥幸地逃脱出来。转过两天，我向朋友借了一架方形铁盒子般的海鸥牌相机，爬上我那座狼咬狗啃废墟般的破楼，钻进我的房间——实际上已经没有屋顶。我将自己命运所遭遇的惨状拍摄下来。我要记下这一切。我清楚地知道这是我个人独有的经历。这时，突然发现一堵残墙上居然还挂着日历——那蒙满灰土的日历的日子正是地震那一天：1976年7月28日，星期三，丙辰年七月初二。我伸手把它小心地扯下来。如今，它和我当时拍下的照片，已经成了我个人生命史刻骨铭心的珍藏了。

由此，我懂得了日历的意义。它原是我们生命忠实的记录。从“隐形写作”的含义上说，日历是一本日记。它无形地记载我每一天遭遇的、面临的、经受的，以及我本人应对与所作所为，还有改变我的和被我改变的。

然而人生的大部分日子是重复的——重复的工作与人际，重复的事物与相同的事物都很难被记忆。所以我们的日历大多页码都是黯淡无光。过后想起来，好似空洞无物。于是，我们就碰到一个非常重要的关于人本话题——记忆。人因为记忆而厚重、智慧和变得理智。更重要的是，记忆使人变得独特。因为记忆排斥平庸。记忆的事物都是纯粹而深刻个人化的。所有个人都是一个独特的“个案”。记忆很像艺术家，潜在心中，专事刻画我们自己的独特性。你是否把自己这个“独特”看得很重要？广义的说，精神事物的真正价值正是它的独特性。无论是一个人，还是一种文化。记忆依靠载体。一个城市的记忆留在它历史的街区与建筑上，一个人的记忆在他的照片上、物品里、老歌老曲中，也在日历上。

然而，人不能只是被动地被记忆，我们还要用行为去创造记忆。我们要用情感、忠诚、爱心、责任感，以及创造性的劳动去书写每一天的日历。把这一天深深嵌入记忆里。我们不是有能力使自己的人生丰富、充实以及具有深度和分量吗？

所以我写过：

“生活就是创造每一天。”

我还在一次艺术家的聚会中说：

“我们今天为之努力的，都是为了明天的回忆。”

为此，每每到了一年最后的几天。我都是不肯再去扯日历。我总把这最后几页保存下来。这可能出于生命的本能。我不愿意把日子花得净光。你一定会笑我，并问我这样就能保存住日子吗？我便把自己在今年日历的最后一页上写的四句诗拿给你看：

岁月何其速，
哎呀又一年，
花叶全无迹，
存世惟诗篇。

正像保存葡萄最好的方式是把葡萄变为酒；保存岁月最好的方式是致力把岁月变为永存的诗篇或画卷。

现在我来回答文章开始时那个问题：为什么我喜欢日历？因为日历具有生命感。或者说日历叫我随时感知自己的生命并叫我思考如何珍惜它。

白 发

人生入秋，便开始被友人指着脑袋说：

“呀，你怎么也有白发了？”

听罢笑而不答。偶尔笑答一句：“因为头发里的色素都跑到稿纸上去了。”

就这样，嘻嘻哈哈、糊里糊涂地翻过了生命的山脊，开始渐渐下坡来。或者再努力，往上登一登。

对镜看白发，有时也会认真起来：这白发中的第一根是何时出现的？为了什么？思绪往往会超越时空，一下子回到了少年时——那次同母亲聊天，母亲背窗而坐，窗子敞着，微风无声地轻轻掀动母亲的头发，忽见母亲的一根头发被吹立起来，在夕照里竟然银亮银亮，是一根白发！这根细细的白发在风里柔弱摇曳，却不肯倒下，好似对我召唤。我第一次看见母亲的白发，第一次强烈地感受到母亲也会老，这是多可怕的事啊！我禁不住过去扑在母亲怀里。母亲不知出了什么事，问我，用力想托我起来，我却紧紧抱住母亲，好似生怕她离去……事后，我一直没有告诉母亲这究竟为了什么。最浓烈的感情难以表达出来，最脆弱的感情只能珍藏在自己心里。如今，母亲已是满头白发，但初见她白发的感受却深刻难忘。那种人生感，那种凄然，那种无可奈何，正像我们无法把地上的落叶抛回树

人的事，
生而尽其动，
死而尽其静。

枝上去……

当妻子把一小酒盅染发剂和一支扁头油画笔拿到我面前，叫我帮她染发，我心里一动，怎么，我们这一代生命的森林也开始落叶了？我瞥一眼她的头发，笑道：“不过两三根白头发，也要这样小题大做？”可是待我用手指撩开她的头发，我惊讶了，在这黑黑的头发里怎么会埋藏这么多的白发！我竟如此粗心大意，至今才发现才看到。也正是由于这样多的白发，才迫使她动用这遮掩青春衰退的颜色。可是她明明一头乌黑而清香的秀发呀，究竟怎样一根根悄悄变白的？是在我不停歇的忙忙碌碌中、侃侃而谈中，还是在不舍昼夜的埋头写作中？是那些年在大地震后寄人篱下的茹苦含辛的生活所致？是为了我那次重病内心焦虑而催白的？还是那件事……几乎伤透了她的心，一夜间骤然生出这么多白发？

黑发如同绿草，白发犹如枯草；黑发像绿草那样散发着生命诱人的气息，白发却像枯草那样晃动着刺目的、凄凉的、枯竭的颜色。我怎样做才能还给她一如当年那一头美丽的黑发？我急于把她所有变白的头发染黑。她却说：

“你是不是把染发剂滴在我头顶上了？”

我一怔。赶忙用眼皮噙住泪水，不叫它再滴落下来。

一次，我把剩下的染发剂交给她，请她也给我的头发染一染。这一染，居然年轻许多！谁说时光难返，谁说青春难再，就这样我也加入了用染发剂追回岁月的行列。谁知染发是件愈来愈艰难的事情。不仅日日增多的白发需要加工，而且这时才知道，白发并不是由黑发变的，它们是从走向衰老的生命深处滋生出来的。当染过的头发看上去一片乌黑青黛，它们的根部又齐刷刷冒出一茬雪白。任你怎样去染，去遮盖，它还是茬茬涌现。人生的秋天和大自然的春天一样顽强。挡不住的白发啊！

开始时精心细染，不肯漏掉一根。但事情忙起来，没有闲暇染发，只好任由它花白。染又麻烦，不染难看，渐而成了负担。

这日，邻家一位老者来访。这老者阅历深，博学，又健朗，鹤发童颜，很有神采。他进屋，正坐在阳光里。一个画面令我震惊——他不单头发通白，连胡须眉毛也一概全白；在强光的照耀下，蓬松柔和，光明透彻，亮如银丝，竟没有一根灰黑色，真是美极了！我禁不住说，将来我也修炼出您这一头漂亮潇洒的白发就好了，现在的我，染和不染，成了两难。老者听了，朗声大笑，然后对我说：

“小老弟，你挺明白的人，怎么在白发面前糊涂了？孩童有稚嫩的美，青年有健旺的美，你有中年成熟的美，我有老来冲淡自如的美。这就像大自然的四季——春天葱茏，夏天繁盛，秋天斑斓，冬天纯净。各有各的美感，各有各的优势，谁也不必羡慕谁，更不能模仿谁，模仿必累，勉强更累。人的事，生而尽其动，死而尽其静。听其自然，对！所谓听其自然，就是到什么季节享受什么季节。哎，我这话不知对你有没有用，小老弟？”

我听罢，顿觉地阔天宽，心情快活。摆一摆脑袋，头上花发来回一晃，宛如摇动一片秋光中的芦花。

守 岁

一种昔时的年俗正在渐渐离开我们,就是守岁。

守岁是老一代人记忆最深刻的年俗之一，如今发生了变化——特别是城市人，最多是等到子午交时之际给亲朋好友打个电话发个短信拜个年,然后上床入睡,完全没有守岁那种意愿、那种情怀、那种执着。

我已不记得自己哪年开始不再守岁了，却深刻记得守岁那时独有的感觉。每到腊月底就兴奋地叫着今年非要熬个通宵,一夜不睡。好像要做一件什么大事。父母笑呵呵说好呵,只要你自己不睡着就行,决没人强叫你睡。

记得守岁的前半夜我总是斗志昂扬,充满信心。一是大脑亢奋,一是除夕的节目多;又要祭祖拜天地,又要全家吃长长的年夜饭，最关键的还是午夜时那一场有如万炮轰天的普天同庆的烟花爆竹。尽管二踢脚、雷子鞭、盒子炮大人们是决不叫我放的,但最后一个烟花——金寿星顶上的药捻儿,却一定由我勇敢地上去点燃。火光闪烁中父母年轻的笑脸现在还清晰记得。

待到燃放鞭炮的高潮过后，才算真正进入了守岁的攻坚阶段。大人们通常是聊天,打牌,吃零食,过一阵子给供桌换一束香。这时时间就像牛皮筋一样拉得愈来愈长了;瞌睡虫开始在脑袋喷撒烟雾。

无事可做加重了困倦感,大人们便对我说笑道:可千万不能睡呀。

我一边嘴硬,一边悄悄跑到卫生间用凉水洗脸,甚至独出心裁地把肥皂水弄到眼睛里去。大人们说,用火柴棍儿把眼皮支起来吧。

年年的守岁我都不知道怎么结束的。但睁眼醒来一定是在床上,睡在暖暖的被窝里。枕边放着一个小小的装着压岁钱的红纸包,还有一个通红、锃亮、香喷喷的大苹果。这寓示平安的红苹果是大人年年夜里一准要摆在我枕边上的。一睁眼就看到平安。

我承认,在我的童年里,年年都是守岁的失败者,从来没有一次从长夜守到天明。

故而初一见到大人时,总不免有些尴尬,尤其是想到头一天信誓旦旦"今夜决不睡"之类的话。当然,我也会留意大人们的样子,令我惊奇的是:他们怎么就能熬过那漫长一夜?其实很简单,因为他们知道为什么守夜。可是守夜的道理并不简单。

后来我对守岁的理解,缘自一个词是"辞旧迎新"。而首先是"辞"字。

辞,是分手时打声招呼。

和谁打招呼,难道是对即将离去的一年吗?

古人对这一年缘何像对待一位友人?

这一年仅仅是一段不再有用的时间吗?那么新的一年大把大把可供使用的时间呢?又是谁赐予我们的?是天地,是命运,还是生命本身?任何有生命的事物不都是它首先拥有时间吗？

可是，时间是种奇妙的东西。你什么也不做，它也在走；而且它过往不复，无法停住，所以古人说“黄金易得，韶光难留”。也许我们平时不曾感受时间的意义。但在这旧的一年将尽的、愈来愈少的时间里——也就是坐在这儿守岁的时刻里，却十分具体又真切地感受到时光的有限与匆匆？它在一寸一寸地减少。在过去一岁中，不管幸运与不幸，不管“喜从天降”还是留下无奈、委屈与错失——它们都已成为我们生命的一部分。在它即将离我们而去时，我们便有些依依不舍。所以古人要“守”着它。

守岁其实是看守住属于自己的时间与生命，表达着我们的生命情感。

然而，守岁这一夜非比寻常。它是“一夜连两岁，五更分二年”。因而，我们的古人便是一边辞旧，一边迎新。以“辞”告别旧岁，以“迎”笑容满面迎接生命新的一段时光的到来。新的一年是未知的，不免小心翼翼。古人过年要通宵点灯，为了不叫邪气暗中袭入；还在年画上所有形象都画上笑眼笑口，以寓吉祥。由于对未来的这种盛情，所以正月初一破晓“迎财神”的鞭炮更加欢腾。

于是，我们的年俗就这样完成岁月的转换，以“辞”和“迎”表达对生命的敬畏，以长长的守夜与天地一年一度的“天人合一”。

我们和洋人的文化真有些不同。洋人对新年只有狂欢，我们的心理似乎复杂得多，其情其意也深切得多。可是我们正在一点点离开这些。

这到底是因为农耕文明离我们愈来愈远，还是人类愈来愈强势无须在乎大自然了？

守岁渐行渐远。当然，我们不必为守岁而勉强守岁。民俗是一种集体的心愿，没有强迫。只盼我们守着这点对人自然和生命的敬畏吧。

夕照透入书房

我常常在黄昏时分，坐在书房里，享受夕照穿窗而入带来的那一种异样的神奇。

此刻，书房已经暗下来。到处堆放的书籍文稿以及艺术品重重叠叠地隐没在阴影里。

暮时的阳光，已经失去了白日里的咄咄逼人；它变得很温和，很红，好像一种橘色的灯光，不管什么东西给它一照，全都分外的美丽。首先是窗台上那盆已经衰败的藤草，此刻像镀了金一样，蓬勃发光；跟着是书桌上的玻璃灯罩，亮闪闪的，仿佛打开了灯；然后，这一大片橙色的夕照带着窗棂和外边的树影，斑斑驳驳投射在东墙那边一排大书架上。阴影的地方书皆晦暗，光照的地方连书脊上的文字也看得异常分明。《傅雷文集》的书名是烫金的，金灿灿放着光芒，好像在骄傲地说："我可以永存。"

怎样的事物才能真正地永存？阿房宫和华清池都已片瓦不留，李杜的名句和老庄的格言却一字不误地镌刻在每个华人的心里。世上延绵最久的还是非物质的——思想与精神。能够准确地记忆思想的只有文字。所以说，文字是我们的生命。

当夕阳移到我的桌面上，每件案头物品都变得妙不可言。一尊苏格拉底的小雕像隐在暗中，一束细细的光芒从一丛笔

暮时的阳光，
已经失去了白日里的咄咄逼人；
它变得很温和，很红，
好像一种橘色的灯光，
不管什么东西给它一照，
全都分外的美丽。

杆的缝隙中穿过，停在他的嘴唇之间，似乎想撬开他的嘴巴，听一听这位古希腊的哲人对如今这个混沌而荒谬的商品世界的醒世之言。但他口含夕阳，紧闭着嘴巴，一声不吭。

昨天的哲人只能解释昨天，今天的答案还得来自今人。这样说来，一声不吭的原来是我们自己。

陈放在桌上的一块四方的镇尺最是离奇。这个镇尺是朋友赠送给我的。它是一块纯净的无色玻璃，一条弯着尾巴的小银鱼被铸在玻璃中央。当阳光彻入，玻璃非但没有反光，反而由于纯度过高而消失了，只有那银光闪闪的小鱼悬在空中，无所依傍。它瞪圆眼睛，似乎也感到了一种匪夷所思。

一只蚂蚁从阴影里爬出来，它走到桌面一块阳光前，迟疑不前，几次刚把脑袋伸进夕阳里，又赶紧缩回来。它究竟畏惧这奇异的光明，还是习惯了黑暗？黑暗总是给人一半恐惧，一半安全。

人在黑暗外边感到恐惧，在黑暗里边反倒觉得安全。

夕阳的生命是有限的。它在天边一点点沉落下去，它的光却在我的书房里渐渐升高。短暂的夕照大概知道自己大限在即，它最后抛给人间的光芒最依恋也最夺目。此时，连我的书房的空气也是金红的。定睛细看，空气里浮动的尘埃竟然被它照亮。这些小得肉眼刚刚能看见的颗粒竟被夕阳照得极亮极美，它们在半空中自由、无声和缓缓地游弋着，好像徜徉在宇宙里的星辰。这是惟夕阳才能创造的景象——它能使最平凡的事物变得无比神奇。

在日落前的一瞬，夕阳残照已经挪到我书架最上边的一格。满室皆暗，只有书架上边无限明媚。那里摆着一只河北省白沟的泥公鸡。雪白的身子，彩色翅膀，特大的黑眼睛，威武又神气。这个北方著名的泥玩具之乡，至少有千年的历史，但如今这里已经变为日用小商品的集散地，昔日那些浑朴又迷人的泥狗泥鸡泥人全都了无踪影。可是此刻，这个幸存下来的泥公鸡，不知何故，对着行将熄灭的夕阳张嘴大叫。我的心已经听到它凄厉的哀鸣。这叫声似乎也感动了夕阳。一瞬间，高高站在书架上端的泥公鸡竟被这最后的阳光照耀得夺目和通红，好似燃烧了起来。

别了，梦境

我在读过的一些名人的传记中，发现一个荒唐的公式，即这些大人物早在童年就心怀伟大抱负的梦，此后历经磨难，苦力奋争，终成大器。

倘若如是，这些人物真非肉骨凡胎了？一般的人想想自己的童年，大都混沌一片，毫无鸿鹄之心，如此岂不都要自悲自弃？

其实，这都是些蹩脚的传记作家，为了树立他们笔下名人的高大形象，所做的虚伪铺垫。任何一个未入社会、未经世事的人，童年时代的想法都是虚无缥缈和幼稚可笑的。

拿自己来说，我姥姥喜欢吃鸡皮，我童年时就发誓将来要做飞行员，长大后驾飞机到最远的地方给姥姥买最好的鸡皮吃。当时发誓的神气庄严不已，实际上最好的鸡皮可能就在街口的食品商场里。再比如，我 次用螺丝刀拧了拧一只坏表的后盖，碰巧那只停了许久的表走起来，父亲说我将来能做一名出色的机械师，我当真了，自信不疑，这却招致我一连把家里两个闹钟都拆毁了……

在那一切全由兴趣的年龄里，我最喜爱的莫过于小人书，收藏最多时达五百余种。许多连环画家都被我崇拜之极，例如，颜梅华、赵宏本、笔如花和张令涛等等。崇拜过分便会模仿，我便自编自绘起小人书来。大小也裁成64开，用线整整齐齐——其实是歪歪扭扭——订成一本本，封面画成彩色，还写上“冯骥才绘”，煞有介事地自己“出版”。现在如果还保留那些自制的小人书，拿来一看，准会捧腹大笑。

想做一位很棒的连环画家，倒是我童年一个挺具体又挺悠长的梦，但不知何时这个梦竟被我毫无觉察地丢掉了。到了少年和青年，又有过许多梦，想过做篮球国手、绘画大师、中国的普希金，为此我还写过一本本诗集，也是精心抄集成册，现在想起来也都要暗自发笑了。

这些梦真是可笑又可笑。

回顾昔时，儿时的梦叫人迷恋，是因为在那扑朔迷离中包含着一份稚子的纯真和傻气，包含着属于自己的过往不复的一任自然的经历，有如包含在种子里一团绿色的希望与缤纷的遐想。但人生这些梦大都终难实现，生存环境和社会现实只给可行的想法开绿灯。

我却从来没有对这些梦的消失与破灭而唏嘘感叹过，因为生活中有更博大的内在的东西吸引着我。

梦想与理想是全然不同的两种境界。

梦想再美，仅仅从属个人，它是满足自我的一己追求，精致细小地囿于狭窄的内心天地里。理想却是一种责任，一种事业，一种用献身精神为动力的人类的共同追求。尽管在理想的追求中也要遭到困扰和阻挠，我却喜欢它壮阔的气势，集体为之奋斗的荣誉感，强有力的有血有肉的硬碰硬的奋争，无论它成功或失败都富有同样的人生价值。成年人未必没有梦想，但只有把梦想转化为理想，才能获得人生意义上的升华。

夜深人静，把昨日梦想和今日理想放在一起体味，我听到

我却从来没有对这些梦的消失与破灭而唏嘘感叹过，
因为生活中有更博大的内在的东西吸引着我。

了一片深广而醉人的人生交响乐。有如天上的浮云汇成雷雨交加的浩荡天空，又如碧澈的江流涌入汹涌的大海。这才是享受。

乡 魂

一

倘若你生长在故乡,那份乡情乡恋牵肠挂肚自不必说;倘若它只是你长辈的故土,你却出生在异地他乡,你对它的印象与情感都是从长辈那里间接获得的,这故乡对你又是怎样一种感觉?

数年前,我应邀与几位作家南下访游古迹名城,依主人安排,途经宁波一日。车子一入宁波,大家还在嘻哈交谈,我却默然不语,脸贴车窗,使劲张望着外边景物,急于想抓住什么,好跟心里的故乡勾挂一起。此时我才发现心里的故乡原是空空的。我对自己产生怀疑,面对祖父与父亲的出生地,为何毫无感应?

但它原先只是我一个符号——籍贯啊。

我不是“回”故乡,而是“来”故乡,第一次。为什么回到故乡,故乡反而没了?我渴望与故乡拥抱和共鸣,但我不知道怎样与故乡的情感接通。好似一张琴闲在那儿,谁来弹响,怎么弹响?

相牵。

我望见坐在侧面的一位老者清瘦、文弱、似曾相识的面孔,心有所动,问道:

“你家乡在哪儿?”

“宁波。”他一开口,便依然带着很重的乡音。

我听了,随即说:

“我们五百年前是一家,我老家也在宁波。”

他马上叫起来:“现在就是一家,我们好近呀!”随即急渴渴向我打听故乡的情形。

多亏我头年途经故乡,有点见闻,才不致窘于回答。他一边听我讲,一边忽而大发感慨:“全都不一样了,不一样了……”忽而冲动地站起来,手一指,叫着:“那是伯伯带我去捉鱼的地方!”然后逼我讲出更多细节,仿佛直要讲得往事重现才肯作罢。

我怕冷落了同座其他人,才要转换话题,那些人却笑眯眯摆手说:

“不碍事,你再给他多讲讲吧……”

他们高兴这样旁听,直听得脸上全都散发出微醺的神气,好像与我的这位老乡分享着一种特殊的幸福,那便是得以慰藉的乡恋。

这老乡情不自禁把座椅一步步挪到我身前,面对面拼命问,使劲听。可惜我只在故乡停了一天,说不出更多见闻。但我发现,我随便扯些街道的名称、旧楼的式样、蔬菜的种类,他也都视如天国珍闻,引发他一串串更多的问题,以及感叹和惊叫。我更感到故乡伟大而神奇的力量,它像一块巨大的磁石,牢牢吸住一切属于它的人们,不管背离它多久多远。似乎愈远愈久便愈感到它不可抗拒的引力……在我与这异国的华裔老乡分手之时,心中升起一份歉意。我想,我那次在故乡应该多住上几天,为了他,也为了我自己。

灵魂的巢

对于一些作家,故乡只属于自己的童年;它是自己生命的巢,生命在那里诞生;一旦长大后羽毛丰满,它就远走高飞。但我却不然,我从来没有离开过自己的家乡。我太熟悉一次次从天南海北、甚至远涉重洋旅行归来而返回故土的那种感觉了。只要在高速路上看到“天津”的路牌,或者听到航空小姐说出它的名字,心中便充溢着一种踏实,一种温情,一种彻底的放松。

我喜欢在夜间回家,远远看到家中亮着灯的窗子,一点点愈来愈近。一次一位生活杂志的记者要我为“家庭”下一个定义。我马上想到这个亮灯的窗子,柔和的光从纱帘中透出,静谧而安详。我不禁说:“家庭是世界上唯一可以不设防的地方。”

我的故乡给了我的一切。

父母、家庭、孩子、知己和人间不能忘怀的种种情谊。我的一切都是从这里开始。无论是咿咿呀呀地学话还是一部部十数万字或数十万字的作品的写作;无论是梦幻般的初恋还是步入茫茫如大海的社会。当然,它也给我人生的另一面。那便是挫折、穷困、冷遇与折磨,以及意外的灾难。比如抄家和大地震,都像利斧一样,至今在我心底留下了永难平复的伤痕。我在这个城市里搬过至少十次家。有时真的像老鼠那样被人一

不仅因为天津是我出生地
——它决不只是我生命的巢，
而是灵魂的巢。

边喊打一边轰赶。我还有过一次非常短暂的神经错乱,但若有神助一般地被不可思议地纠正回来。在很多年的生活中,我都把多一角钱肉馅的晚饭当作美餐,把那些帮我说几句好话的人认做贵人。然而,就是在这样困境中,我触到了人生的真谛。从中掂出种种情义的分量,也看透了某些脸后边的另一张脸。我们总说生活不会亏待人。那是说当生活把无边的严寒铺盖在你身上时,一定还会给你一根火柴。就看你识不识货,是否能够把它擦着,烘暖和照亮自己的心。

写到这里,很担心我把命运和生活强加给自己的那些不幸,错怪是故乡给我的。我明白,在那个灾难没有死角的时代,即使我生活在任何城市,都同样会经受这一切。因为我相信阿·托尔斯泰那句话,在我们拿起笔之前,一定要在火里烧三次,血水里泡三次,碱水里煮三次。只有到了人间的底层才会懂得,唯生活解释的概念才是最可信的。

然而,不管生活是怎样的滋味,当它消逝之后,全部都悄无声息地留在这城市中了。因为我的许多温情的故事是裹在海河的风里的;我挨批挨斗就在五大道上。一处街角,一个桥头,一株弯曲的老树,都会唤醒我的记忆。使我陡然“看见”昨日的影像。它常常叫我骄傲地感觉到自己拥有那么丰富又深厚的人生。而我的人生全装在这个巨大的城市里。

更何况,这城市的数百万人,还有我们无数的先辈的人,也都把他们人生故事书写在这座城市中了。一座城市怎么会有如此庞博的承载与记忆?别忘了——城市还有它自身非凡的经历与遭遇呢!

最使我痴迷的还是它的性格。这性格一半外化在它形态上,一半潜在它地域的气质里。这后一半好像不容易看见,它深刻地存在于此地人的共性中。城市的个性是当地的人一代代无意中塑造出来的。可是,城市的性格一旦形成,就会反过来同化这个城市的每一个人。我身上有哪些东西来自这个城市的文化,孰好孰坏?优根劣根?我说不好。我却感到我和这个城市的人们浑然一体。我和他们气息相投,相互心领神会,有时甚至不需要语言交流。我相信,对于自己的家乡就像对你真爱的人,一定不只是爱它的优点。或者说,当你连它的缺点都觉得可爱时——它才是你真爱的人,才是你的故乡。

一次,在法国,我和妻子南下去到马赛。中国驻马赛的领事对我说,这儿有位姓屈的先生,是天津人,听说我来了,非要开车带我到处跑一跑。待与屈先生一见,情不自禁说出两三句天津话,顿时一股子唯津门才有的热烈与义气劲儿扑入心头。屈先生一踩油门,便从普罗旺斯一直跑到西班牙的巴塞罗那。一路上,说得净是家乡的新闻与旧闻,奇人趣事,直说得浑身热辣辣,五体流畅,上千公里的漫长的路竟全然不觉。到底是什么东西使我们如此亲热与忘情?

家乡把它怀抱里的每个人都养育成自己的儿子。它哺育我的不仅是海河蔚蓝色的水和亮晶晶的小站稻米,更是它斑斓又独异的文化。它把我们改造为同一的文化血型。它精神的因子已经注入我的血液中。这也是我特别在乎它的历史遗存、城市形态乃至每一座具有纪念意义的建筑的原故。我把它们看作是它精神与性格之所在,而决不仅仅是使用价值。

我知道,人的命运一半在自己手里,一半还得听天由命。今后我是否还一直生活在这里尚不得知。但我无论到哪里,我都是天津人。不仅因为天津是我出生地——它决不只是我生命的巢,而是灵魂的巢。

太阳礼赞

远古的东方曾经流传着一个瑰丽的传说。一位叫夸父的人锲而不舍地追逐着太阳，他历尽了千辛万苦，最后累死在途中。他为什么这么做，谁也无法说清。但从此他把一种永恒不息的燃烧的激情，留在了我们民族的血液里，那便是——对太阳的崇拜。

太阳在无限高远的天空把灿烂的光辉洒下，大地的一切盈盈而生。阳光金色的因子透入万物的体内。生命的血液载着阳光流动与运行。人的血液是鲜红的，植物的血液是碧绿的；它还光华万顷地涌入大海，美丽而斑斓地散布在浩瀚的海底。于是，万物都感到自身元气的鼓胀、生机的亢奋和力量的勃发。

太阳赐给我们生命！太阳是我们地球人类的母亲！

虽然，远古的人对太阳一无所知。但在一代代人的生存经验中，他们清楚——是太阳赶走黑夜带来一个个欢快的白天；用和煦的气息化解冬日无边的冰雪。生命一切之必需——比如光明，温暖，熊熊的火，丰饶的食物，以及健康的体魄，不全都是它无私和无穷的馈赠？

这个主宰着人类生命的全能的太阳到底是谁？

在远古人的想象中，它是有灵性的神明。它有时酷烈地放出怒火，有时温和地有如情爱；它时而欢乐般地明媚，时而忧愁似的晦暗；它为什么日复一日在大地的西边消失，又在东方披满霞光地出现？

人类最早的神，全是主宰人类生存的自然物。

在所有人类文明的发生地，都把这恩泽无限的太阳，作为顶礼膜拜的至高无上的太阳神。

古埃及人把太阳当作“光明之父”，他们认为，大地之所以生机蓬勃，全是因为感受到太阳的精气；你看，这个长着许多只手的太阳神阿托，正在把无比珍贵的打开生命之门的钥匙交给人类。而同样崇拜太阳的生活在两河流域的苏美尔人，他们好像看到光明之神天天从北方驱车赶来，将光明赐予人间。苏美尔人说，神明乘坐的轮子便是那个巨大而夺目的太阳。

古波斯人崇拜的太阳是一位翩翩美少年。

中美洲的玛雅人为太阳建起了神庙。他们的太阳神是位慈祥而非凡的老人。

富于艺术才华的古希腊人，把他们心中的太阳神阿波罗雕塑出来。这个英俊的阿波罗，正是他们一向敬仰的英雄与美的化身。

在我们的太古华夏，一种十字形的太阳符号被镌刻在不少地方粗砺的山岩上。从内蒙的阴山、四川的麻塘坝、广西的花山到云南的沧源，有的已经历时万年。但先人对太阳固执般的虔诚，还清晰地留在这些苍劲的线条里。十字符号最简单也是最本质地显示了高悬中天的太阳光芒四射。

浙江河姆渡遗址出土过七千年前金灿灿的稻种，进入农耕时代的民族更依赖于太阳的恩惠。中华各民族大量的关于太阳崇拜的遗物,大量关于太阳崇拜的美丽的传说,都表明我们曾经有过一元的太阳神的信仰。时间很早很早,它贯穿着整个殷商时代。

太阳是一些部族的图腾。

用跪拜的方式迎日与送日是先人对太阳神圣的礼仪。

在先人看来,太阳像一个金盘子,它没有翅膀,怎么能在天上飞行?那么驮载太阳的肯定是只神奇的鸟了。于是,古老的华夏留下不少象征着太阳的鸟的形象。例如三足鸟、金乌、朱雀和凤凰。你看,四川彭县太平村出土的这块画像砖上带着太阳飞翔的鸟,多么浪漫和神奇。拿它和头顶日盘的埃及的太阳神“拉”一比,我们的先人要富有想象力得多了。

人类告别那个浪漫的神话时代,起由于对大自然的认识。摸索和利用大自然的规律是原始科学的开端。

大自然的核心是太阳。

掌握太阳规律的第一步,是太阳历的确定。

古埃及人是根据日出、天狼星与尼罗河水的泛滥这三者关系,最早触摸到太阳的运行规律。

在英格兰东南部广袤的原野中竖立着这些巨石,它曾经被猜疑为外星人所为。后来才被证实,这个巨大的石阵原是人类最古老的实用的太阳历。先民们就用它来观察太阳的秘密,确认季节寒暖的来临。

但谁也不知道这些石块是什么时间、由谁立在这里的。

人类遥远的过去和遥远的未来一样,都是一片空白。这空白中隐藏着一个早已消失了的巨大的智慧。

我们充满悟性的华夏先人，很早就从日出日落和暑去寒来中，破译了太阳的密码。这就是中国独有的历法——廿四节气。它毋庸置疑的精确性使其沿用至今。数千年里，它指导着中国人的耕种收获，出行穿衣。太阳似乎被我们知根知底而倍加亲近了。

阴阳是我们天才的先人从对阳光的观察所悟到的宇宙万物的根本原理。既然我们的一切都是太阳创造的，那么我们的一切必定都隐藏着太阳的法则。

事物向阳的一面为阳，背阳的一面为阴。它们既对立又统一，相反相成，相克相生，成为一个互动的整体。阴阳学是中国人独自的宇宙观和哲学体系，也是打开复杂事物的一把思辨性的钥匙。中国人的营造、医学、武术、兵家以及艺术等等，无不运用着阴阳学说，这样，崇尚“天人合一”的中国人便和太阳全然融合为一体了。

比起我们，西方人在认识太阳的进程中充满坎坷。首当其冲的就是伟大的波兰天文学家哥白尼的“太阳中心说”。他在《天体运行论》中写道：

> 处在这些行星中间的是太阳，在这极美丽的殿堂中，谁能把这火炬放在更好的地方，使它的光明同时照到整个体系？……太阳就坐在皇帝宝座上，管理着周围的恒星的家族！

这个理论推翻了长久以来作为权威学说的古希腊天文学家托勒密的“地球中心说”。但“地球中心说”一直维护着基督教的教义。那就是——只有地球是宇宙的中心，人类才置身于上帝的怀抱里。它成了神圣不可侵犯的神学的教条。

《天体运行论》是人类在自然科学领域中竖起的第一面思想革命的旗帜，也是科学对神学发起的挑战。但它的命运可谓多灾多难。这本书刚刚出版，哥白尼就病逝了。跟着它又被教皇宣布为禁书。

人类对太阳的探索却不会因此终止。

接过哥白尼科学火炬的是天文学家布鲁诺。他是“太阳中心说”坚定的信奉者和宣传者，并因此触怒教廷，被处以火刑，活活烧死。布鲁诺毫不惧怕，在他一步步走向火堆时，扭头对教廷轻蔑地说：

“你们宣判时的恐惧，甚于我走向这个火堆！”

一六三七年，又一位“太阳中心说”的捍卫者、伟大的天文学家伽利略被罗马教会宣布终生监禁。

人类与太阳成为知己之前，付出了惨重的代价。

他们为维护太阳的真实与尊严而死，他们才是太阳真正的崇拜者。

无知的崇拜只是一种迷信，立足在科学上的崇拜才是一种伟大的信仰。

这桩公案历时四百年，直到二十世纪八十年代，教皇保罗才宣布为布鲁诺等人平反，并代表教廷向科学家们致歉。

胜利属于科学，也属于太阳。

因为，太阳就像真理那样，只属于它的探索者。

从哥白尼到今天，人类通过不断的探索一步步接近了太阳。自五十年代起人类已经把近二百个太阳探测器发射到宇宙中去。此外还有卫星、宇航船、射电望远镜，人类用它们逐渐廓清远古以来笼罩太阳和天体神秘的迷雾，并通过获得的知识，开始开发太阳了。

比起靠晒太阳取暖的先人，我们更会采集太阳热，更会吸纳太阳的光明。被利用的太阳能正在人类的生活中显出神奇的效力来。科学家们认为太阳能完全可以替代矿物燃料和核能。未来的“太阳能转换器”，将把全能的太阳搬到人间。

今天我们知道了，太阳正处在充满活力的壮年期，它的质量是地球的三十三倍，它的体积是地球的一百三十万倍，它的热核反应至少还能进行一百亿年。我们人类至少要享受太阳一百亿年！这个数字已经接近了永恒。宇宙中还有什么比太阳，能够给予人类如此慷慨、无私、永恒一般的爱！

我们愈理解它愈爱它！

从古埃及的《太阳颂》、古印度的《梨俱吠陀》、中国诗人屈原的《楚辞·九歌》，到英国诗人拜伦的《曼夫雷德》、弥尔顿的《失乐园》……都用发烫的字、飞舞的句子和浪漫的激情，颂扬着太阳。

画家们则运用比太阳照见的颜色更瑰丽的色彩来描绘太阳。

那支响彻古今的意大利民歌《我的太阳》，是全人类对太阳最灿烂的颂歌。

人类与太阳一样，来路久远，去路无穷。在未来的万里征程上，太阳永远是我们最赤诚的伴侣。它不仅驾驭着空中的风雨、大海的潮汐，还与我们充满爱意地紧紧相随。我们一天不可失去它——它无私的赐予与博大的抚慰；它点亮我们的眸子，唤醒我们的心灵，以通彻的光辉照亮我们的每一天，并时时提醒我们什么是正大光明。

只要我们珍惜太阳所赐给的大地万物，太阳永远会在天上给我们布满蓝天、白云、霞光与彩虹；只要我们不断地去探索太阳，它一定会告诉我们一个又一个未知的秘密，使我们人类更加强大、智慧和健康。

太阳永远是新鲜的。

它天天清晨到来时，都是这样鲜红夺目。

但今天的日出必定是别样的美丽与辉煌。因为这是一天之始，一年之始，百年之始，而且是一千年才有一次的伟大又庄严的开始。

廿一世纪的第一个日出到来了。初升的太阳正在放射着光芒。我们感知到了，这是你在为我们祝福，我们也真诚地祝福你——哦，我的太阳，我们永恒的人类——永恒的太阳！

永恒的敌人

我面对着雄伟浩瀚、不可思议的金字塔，心里的问号不是这二百三十万块巨石怎样堆砌上去的，也没有想到天外来客，而是奇怪这人类历史上最伟大的建筑竟是一座坟墓！

当代人的生命观变得似乎豁达了。他们在遗嘱中表明，死后要将骨灰扬弃到山川湖海，或者做一次植树葬，将属于自己最后的生命物质，变为一丛鲜亮的绿色奉献给永别的世界。当天文学家的望远镜把一个个被神话包裹的星球看得清清楚楚，古远天国的梦便让位于世人的现实享受。人们愈来愈把生命看做一个短暂的兴灭过程。于是，物质化的享乐主义便成了一种新宗教。与其空空地企望再生，不如尽享此生此世的饮食男女。谁还会巴望死亡的后边出现奇迹？坟墓仅仅是一个句号而已。人类永远不会再造一个金字塔吧。

但是，不论你是一个怎样坚定的享乐主义者，抑或一个无神论者和唯物主义者，当你仰望那顶端参与着天空活动的、石山一般的金字塔时，你还是被他们建造的这座人类史上最大的坟墓所震撼——不仅由于那种精神的庄严，那种信仰的单纯，更重要的是那种神话一般死的概念和对死的无比神圣的态度与方式。

古埃及把死当做由此生渡到来世的桥梁，或是一条神秘的通道。不要责怪古埃及人的幼稚与荒唐，在旷远的四千五百年前，谁会告诉他们生命真正的含义？再说，谁又能告诉我们四千五百年后，人类将怎样发现并重新解释生与死的关系，是不是依旧把它们作为悲剧性的对立？是不是反而会回到古埃及永生的快乐天国中去？

空气燃烧时，原来火焰是透明的。我整个身体就在这晃动的火焰里灼烤，大太阳通过沙漠向我传达了它的凛然之威；尽管戴着深色墨镜，强光照耀下的石山沙海依然白得扎眼；我身上背着的矿泉水瓶里的水已经热得冒泡儿了，奇怪的是，瓶盖拧得很严，怎么会蒸发掉半瓶？尽管如此，我来意无悔，踩着火烫的沙砾，一步步走进埋葬着数千年前六十四个法老的国王谷。

钻进一个个长长的墓道，深入四壁皆画及象形文字的墓室，才明白古埃及人对死亡的顶礼膜拜和无限崇仰；一切世间梦想都在这里可闻可见，一切神明都在这里迷人地出现。人类艺术的最初时期总与理想相伴，而古埃及的理想则更多依存于死亡。古埃及的艺术也无处不与死亡密切相关。他们的艺术不是张扬生的辉煌，而是渲染死的不朽。一时你却弄不清他们赞美还是恐惧死亡？

他们相信只要保存遗体的完好，死者便依然如同在世那样生活，甚至再生。木乃伊防腐技术的成功，便是这种信念使然。沉重的石棺、甬道中防盗的陷阱、假门和迷宫般的结构，都是为遗体——这生命载体完美无缺地永世长存。按照古埃及人的说法，世间的住宅不过是旅店，坟墓才是永久的居室；金字塔的庞大与坚固正是为了把这种奇想变成惊人的现实。至于陪葬的享乐器具和金银财宝，无非使法老们死后的生活一如在世。那么这一切到底是为了装饰着死，还是创造一种人间从未发生过的奇迹——再生和永生？

即使是远古人，面对着呼吸停止、身躯僵硬的可怕的尸体，都会感到生死分明。但是在思想方法上，他们还是要极力模糊生死之间的界限。古埃及把法老看做在世的神，混淆了人与神的概念；中国人则在人与神之间别开生面地创造一个仙。仙是半神半人，亦人亦神。在中国人的词典里，既有仙人，也有神仙。人是有限的，必死无疑；神是无限的，长生不死。模糊了神与人、生与死的界限，也就逾越死亡，进入永生。

永生，就是生命之永恒。这是整个人类与生俱来最本能、也最壮丽的向往。

从南美热带雨林中玛雅人建造的平顶金字塔、到中国西安那些匪夷莫思的浩荡的皇家陵墓、再到迈锡尼豪华绝世的墓室，我们发现人类这样做从来不只是祭奠亡灵，高唱哀歌，而是透过这死的灭绝向永生发出竭尽全力的呼唤。

死的反面是生，死的正面也是生。

远古人的陵墓都是用石头造的。石头坚固，能够耐久，也象征永存。然而四千五百年过去了，阿布辛比勒宏伟的神像已被风沙倾覆；尼罗河两岸大大小小几乎所有的金字塔，都被窃贼掏空。曾经秘密地深藏在国王谷荒山里的法老墓，除去幸存的阿蒙墓外，一个个全被盗掘得一无所有。没有一个木乃伊复活过来，却有数不尽的木乃伊成为古董贩子们手里发财的王牌。不用说木乃伊终会腐烂，古埃及人决不会想到，到头来那些建造坟墓的石头也会朽烂。在毒日当头的肆虐下，国王谷的石山已经退化成橙黄色的茫茫沙丘；金字塔上的石头一块块往下滚落；斯芬克斯被风化得面目全非，眼看要复原成未雕刻时那块顽石。如果这些石头没有古埃及人的人文痕迹，我们不会知道石头竟然也熬不过几千年。这叫我想起中国人的一句成语：海枯石烂。站在今天回过头去，古埃及人那永生的信念，早已成为人类童年的一厢情愿的痴想。

世界上最古老的神庙——卢克索神庙和卡纳克神庙，已经坍塌成一片倾毁的巨石。在卢克索神庙的西墙外，兀自竖立一双用淡红色花岗岩雕成的极大的脚，膝盖以上是齐刷刷的断痕，巨大的石人已经不见了。他在哪里，谁人知晓？这样一个坚不可摧的巨像，究竟什么力量能击毁并把它消匿于无？而躺在开罗附近孟斐斯村地上的拉美西斯二世的几十米的石像，却独独失去双脚。他那无与伦比的巨脚呢？我盯着拉美西斯二世比一间屋子还大的修长光洁的脸，等待回答。他却毫无表情，只有一种木讷和茫然，因为他失去的有比这双脚更致命的东西便是：永恒。

永恒的敌人是什么？它并不是摧残、破坏、寇乱、窃盗、消磨、腐烂、散失和死亡，永恒的敌人是时间。当然，永恒的载体也是时间，可是时间不会无止无休地载运任何事物。时间的来去全是空的。在它的车厢里，上上下下都是一时的光彩和瞬息的强大。时间不会把任何事物变得永恒不灭，只能把一切都变得愈来愈短暂有限和微不足道。可是古埃及人早早就知道怎样对抗这有限和短暂了。

当我再次面对着吉萨大金字塔，我更强烈地被它所震撼。我明白了，这埋葬法老的人类最伟大的建筑，并非死亡象征，乃是生之崇拜，生之渴望，生之欲求。

金字塔是全人类的最神圣的生命图腾！

想到这里，我们真是充满了激情。也许现代人过于自信现阶段的科学对生命那种单一的物质化的解释，才导致人们沉溺于浮光掠影般的现实享乐。有时，我们往往不如远古的人，虽然愚顽，却凭直觉，直率又固执地表现生命最本能的欲望。一切生命的本质，都是顽强追求存在以及永存。艺术家终生锲而不舍的追求，不正是为了他所创造的艺术生命传之久长吗？由于人类知道死亡的不可抗拒，才把一切力量都最大极限地集中在死亡上。只有穿过死亡，才能永生。那么人类所需要的，不仅是能力和智慧，更是燃烧着的精神与无比瑰丽的想象！仰望着金字塔尖头脱落而光秃秃的顶部，我被深深感动着。古埃及人虽然没有跨过死亡，没有使木乃伊再生，但他们的精神已然超越了过去。

永恒没有终极，只有它灿烂和轰鸣着的过程。

正是由于人类一直与自己的局限斗争，它才充满活力和不断进步。

春天真像天边的情人，
愈期待愈迷茫。

逼来的春天

那时，大地依然一派毫无松动的严冬景象，土地梆硬，树枝全抽搐着，害病似的打着冷颤；雀儿们晒太阳时，羽毛乍开好像绒球，紧挤一起，彼此借着体温。你呢，面颊和耳朵边儿像要冻裂那样的疼痛……然而，你那冻得通红的鼻尖，迎着冷冽的风，却忽然闻到了春天的气味！

春天最先是闻到的。

这是一种什么气味？它令你一阵惊喜，一阵激动，一下子找到了明天也找到了昨天——那充满诱惑的明天和同样季节、同样感觉却流逝难返的昨天。可是，当你用力再去吸吮这空气时，这气味竟又没了！你放眼这死气沉沉冻结的世界，准会怀疑它不过是瞬间的错觉罢了。春天还被远远隔绝在地平线之外吧。

但最先来到人间的春意，总是被雄踞人地的严冬所拒绝、所稀释、所泯灭。正因为这样，每逢这春之将至的日子，人们会格外的兴奋、敏感和好奇。

如果你有这样的机会多好——天天来到这小湖边，你就能亲眼看到冬天究竟怎样退去，春天怎样到来，大自然究竟怎样完成这一年一度起死回生的最奇妙和最伟大的过渡。

但开始时，每瞧它一眼，都会换来绝望。这小湖干脆就是整整一块巨大无比的冰，牢牢实实，坚不可摧；它一直冻到湖底了吧？鱼儿全死了吧？灰白色的冰面在阳光反射里光芒刺目；小鸟从不敢在这寒气逼人的冰面上站一站。

逢到好天气，一连多天的日晒，冰面某些地方会融化成水，别以为春天就从这里开始。忽然一夜寒飙过去，转日又冻结成冰，恢复了那严酷肃杀的景象。若是风雪交加，冰面再盖上一层厚厚雪被，春天真像天边的情人，愈期待愈迷茫。

然而，一天，湖面一处，一大片冰面竟像沉船那样陷落下去，破碎的冰片斜插水里，好像出了什么事！这除非是用重物砸开的，可什么人、又为什么要这样做呢？但除此之外，并没发现任何异常的细节。那么你从这冰面无缘无故的坍塌中是否隐隐感到了什么……刚刚从裂开的冰洞里露出的湖水，漆黑又明亮，使你想起一双因为爱你而无限深邃又默默的眼睛。

这坍塌的冰洞是个奇迹，尽管寒潮来临，水面重新结冰，但在白日阳光的照耀下又很快地融化和洞开。冬的伤口难以愈合。冬的黑子出现了。

冬天与春天的界限是瓦解。

冰的坍塌不是冬的风景，而是隐形的春所创造的第一幅壮丽的图画。

跟着，另一处湖面，冰层又坍塌下去。一个、两个、三个……随后湖面中间闪现一条长长的裂痕，不等你确认它的原因和走向，居然又发现几条粗壮的裂痕从斜刺里交叉过来。开始这些裂痕发白，渐渐变黑，这表明裂痕里已经浸进湖水。某一天，你来到湖边，会止不住出声地惊叫起来，巨冰已经裂开！黑黑的湖水像打开两扇沉重的大门，把一分为二的巨冰推向两旁，终于袒露出自己阔大、光滑而迷人的胸膛……

这期间,你应该在岸边多呆些时候。你就会发现,这漆黑而依旧冰冷的湖水泛起的涟漪,柔软又轻灵,与冬日的寒浪全然两样了。那些仍然覆盖湖面的冰层,不再光芒夺目,它们黯淡、晦涩、粗糙和发脏,表面一块块凹下去。有时,忽然“咔嚓”清脆的一响,跟着某一处,断裂的冰块应声漂移而去……尤其动人的,是那些在冰层下憋闷了长长一冬的大鱼,它们时而激情难捺,猛地蹦出水面,在阳光下银光闪烁打个“挺儿”,“哗啦”落入水中。你会深深感到,春天不是由远方来到眼前,不是由天外来到人间;它原是深藏在万物的生命之中的,它是从生命深处爆发出来的,它是生的欲望、生的能源与生的激情。它永远是死亡的背面。唯此,春天才是不可遏制的。它把酷烈的严冬作为自己的序曲,不管这序曲多么漫长。

追逐着凛冽的朔风的尾巴,总是明媚的春光;所有冻凝的冰的核儿,都是一滴春天的露珠;那封闭大地的白雪下边是什么?你挥动大帚,扫去白雪,一准是连天的醉人的绿意……

你眼前终于出现这般景象:宽展的湖面上到处浮动着大大小小的冰块。这些冬的残骸被解脱出来的湖水戏弄着,今儿推到湖这边儿,明日又推到湖那边儿。早来的候鸟常常一群群落在浮冰上,像乘载游船,欣赏着日渐稀薄的冬意。这些浮冰不会马上消失,有时还会给一场春寒冻结一起,霸道地凌驾湖上,重温昔日威严的梦。然而,春天的湖水既自信又有耐性,有信心才有耐性。它在这浮冰四周,扬起小小的浪头,好似许许多多温和而透明的小舌头,去舔弄着这些渐软渐松渐小的冰块……最后,整个湖中只剩下一块肥皂大小的冰片片了,湖水反而不急于吞没它,而是把它托举在浪波之上,摇摇晃晃,一起一伏,展示着严冬最终的悲哀、无助和无可奈何……终于,它消失了。冬,顿时也消失于天地间。这时你会发现,湖水并不黝黑,而是湛蓝湛蓝。它和天空一样的颜色。

天空是永远宁静的湖水,湖水是永难平静的天空。

春天一旦跨到地平线这边来,大地便换了一番风景,明朗又朦胧。它日日夜夜散发着一种气息,就像青年人身体散发出的气息。清新的、充沛的、诱惑而撩人的,这是生命本身的气息。大地的肌肤——泥土,松软而柔和;树枝再不抽搐,软软地在空中自由舒展,那纤细的枝梢无风时也颤悠悠地摇动,招呼着一个万物萌芽的季节的到来。小鸟们不必再乍开羽毛,个个变得光溜精灵,在高天上扇动阳光飞翔……湖水因为春潮涨满,仿佛与天更近;静静的云,说不清在天上还是在水里……湖边,湿漉漉的泥滩上,那些东倒西歪的去年的枯苇棵里,一些鲜绿夺目、又尖又硬的苇芽,破土而出,愈看愈多,有的地方竟已簇密成片了。你真惊奇!在这之前,它们竟逃过你细心的留意,一旦发现即已充满咄咄的生气了!难道这是一夜的春风、一阵春雨或一日春晒,便齐刷刷钻出地面?来得又何其神速!这分明预示着,大自然囚禁了整整一冬的生命,要重新开始新的一轮竞争了。而它们,这些碧绿的针尖一般的苇芽,不仅叫你看到了崭新的生命,还叫你深刻地感受到生命的锐气、坚韧、迫切,还有生命和春的必然。

我要一连跨过眼前的辽阔的秋、悠长的冬和遥远的春，
再一次邂逅你，
我精神的无上境界——苦夏！

苦　夏

这一日,终于撂下扇子。来自天上干燥清爽的风,忽吹得我衣飞举,并从袖口和裤管钻进来,把周身滑溜溜地抚动。我惊讶地看着阳光下依旧夺目的风景,不明白数日前那个酷烈非常的夏天突然到哪里去了。

是我逃遁似的一步跳出了夏天,还是它就像七六年的"文革"那样——在一夜之间崩溃?

身居北方的人最大的福分,便是能感受到大自然的四季分明。我特别能理解一位新加坡朋友,每年冬天要到中国北方住上十天半个月,否则会一年里周身不适。好像不经过一次冷处理,他的身体就会发酵。他生在新加坡,祖籍中国河北;虽然人在"终年都是夏"的新加坡长大,血液里肯定还执着地潜在着大自然四季的节奏。

四季是来自于宇宙的最大的拍节。在每一个拍节里,大地的景观便全然变换与更新。四季还赋予地球以诗,故而悟性极强的中国人,在四言绝句中确立的法则是:起,承,转,合。这四个字恰恰就是四季的本质。起始如春,承续似夏,转变若秋,合拢为冬。合在一起,不正是地球生命完整的一轮?为此,天地间一切生命全都依从着这一拍节,无论岁岁枯荣与生死的花草百虫,还是长命百岁的漫漫人生。然而在这生命的四季里,最壮美和最热烈的不是这长长的夏么?

女人们孩提时的记忆散布在四季;男人们的童年往事大多是在夏天里。这由于,我们儿时的伴侣总是各种各样的昆虫——蜻蜓、天牛、蚂蚱、螳螂、蝴蝶、蝉、蚂蚁、蚯蚓,此外还有青蛙和鱼儿。它们都是夏日生活的主角;每种昆虫都给我们带来无穷的快乐。甚至我对家人和朋友们记忆最深刻的细节,也都与昆虫有关。比如妹妹一见到壁虎就发出一种特别恐怖的尖叫;比如邻家那个斜眼的男孩子专门残害蜻蜓;比如同班一个最好看的女生头上花形的发卡,总招来蝴蝶落在上边;再比如,父亲睡在铺了凉席的地板上,夜里翻身居然压死了一只蝎子。这不可思议的事使我感到父亲的无比强大。后来父亲挨斗,挨整,写检查;我劝慰和宽解他,怕他自杀,替他写检查——那是我最初写作的内容之一。这时候父亲那种强大感便不复存在。生活中的一切事物,包括夏天的意味全都发生了变化。

在快乐的童年里,根本不会感到蒸笼般夏天的难耐与难熬。唯有在此后艰难的人生里,才体会到苦夏的滋味。快乐把时光缩短,苦难把岁月拉长,一如这长长的仿佛没有尽头的苦夏。但我至今不喜欢谈自己往日的苦楚与磨砺。相反,我却从中领悟到"苦"字的分量。苦,原是生活中的蜜。人生的一切收获都压在这沉甸甸的苦字的下边。然而一半的苦字下边又是一无所有。你用尽平生的力气,最终所获与初始时的愿望竟然去之千里。你该怎么想?

于是我懂得了这苦夏——它不是无尽头的暑热的折磨,而是我们顶着毒日头默默又坚忍的苦斗的本身。人生的力量全是对手给的,那就是要把对手的压力吸入自己的骨头里。强者之力最主要的是承受力。只有在匪夷所思的承受中才会感到自己属于强者,也许为此,我的写作一大半是在夏季。很多作家包括普希金不都是在爽朗而惬意的秋天里开花结果?我却每每进入炎热的夏季,反而写作力加倍地旺盛。我想,这一定是那些沉重的人生的苦夏,煅造出我这个反常的性格习惯。我太熟悉那种写作久了,汗湿的胳膊粘在书桌玻璃上的美妙无比的感觉。

在维瓦尔第的《四季》中,我常常只听“夏”的一章。它使我激动,胜过春之勃发、秋之灿烂、冬之静穆。友人说夏的一章,极尽华丽之美。我说我从中感受到的,却是夏的苦涩与艰辛,甚至还有一点儿悲壮。友人说,我在这音乐情境里已经放进去太多自己的故事。我点点头,并告诉他我的音乐体验。音乐的最高境界是超越听觉;不只是它给你,更是你给它。

年年夏日,我都会这样体验一次夏的意义,从而激情迸发,心境昂然。一手撑着滚烫的酷暑,一手写下许多文字来。

今年我还发现,这伏夏不是被秋风吹去的,更不是给我们的扇子轰走的——

夏天是被它自己融化掉的。

因为,夏天的最后一刻,总是它酷热的极致。我明白了,它是耗尽自己的一切,才显示出夏的无边的威力。生命的快乐是能量淋漓尽致的发挥。但谁能像它这样,用一种自焚的形式,创造出这火一样辉煌的顶点?

于是,我充满了夏之崇拜!我要一连跨过眼前的辽阔的秋、悠长的冬和遥远的春,再一次邂逅你,我精神的无上境界——苦夏!

秋天消解了大地的绿，
用它中性的调子，
把一切色泽调匀。

秋天的音乐

你每次上路出远门千万别忘记带上音乐，只要耳朵里有音乐，你一路上对景物的感受就全然变了。它不再是远远呆在那里、无动于衷的样子，在音乐撩拨你心灵的同时，也把窗外的景物调弄得易感而动情。你被种种旋律和音响唤起的丰富的内心情绪，这些景物也全部神会地感应到了，它还随着你的情绪奇妙地进行自我再造，你振作它雄浑，你宁静它温存，你伤感它忧患，也许同时还给你加上一点人生甜蜜的慰藉，这是真正知友心神相融的交谈……它河湾、山脚、烟光、云影、一草一木，所有细节都浓浓浸透你随同音乐而流动的情感，甚至它一切都在为你变形，一幅幅不断变换地呈现出你心灵深处的画面。它使你一下子看到了久藏心底那些不具体、不成形、朦胧模糊或被时间湮没了的感受，于是你更深深坠入被感动的漩涡里，享受这画面、音乐和自己灵魂三者融为一体的特殊感受……

秋天十月，我松松垮垮套上一件粗线毛衣，背个大挎包，去往东北最北部的大兴安岭。赶往火车站的路上，忽然发觉只带了录音机，却把音乐磁带忘记在家，恰巧路过一个朋友的住处，他是音乐迷，便跑进去向他借。他给我一盘说是新翻录的，都是“背景音乐”。我问他这是什么曲子，他怔了怔，看我一眼说：

“秋天的音乐。”

他多半随意一说，搪塞我。这曲名，也许是他看到我被秋风吹得松散飘扬的头发，灵机一动得来的。

火车一出山海关，我便戴上耳机听起这秋天的音乐。开端的旋律似乎熟悉，没等我怀疑它是不是真正地描述秋天，下巴发懒地一蹭粗软的毛衣领口；两只手搓一搓，让干燥的凉手背给湿润的热手心舒服地摩擦摩擦，整个身心就进入秋天才有的一种异样温暖甜醉的感受里了。

我把脸颊贴在窗玻璃上，挺凉，带着享受的渴望往车窗外望去，秋天的大自然展开一片辉煌灿烂的景象。阳光像钢琴明亮的音色洒在这收割过的田野上，整个大地像生过婴儿的母亲，幸福地舒展在开阔的晴空下，躺着，丰满而柔韧的躯体！从麦茬里裸露出浓厚的红褐色是大地母亲健壮的肤色；所有树林都在炎夏的竞争中把自己的精力膨胀到头，此刻自在自如地伸展它优美的枝条；所有金色的叶子都是它的果实，一任秋风翻动，煌煌夸耀着秋天的富有。真正的富有感，是属于创造者的；真正的创造者，才有这种潇洒而悠然的风度……一只鸟儿随着一个轻扬的小提琴旋律腾空飞起，它把我引向无穷纯净的天空。任何情绪一入天空便化作一片博大的安寂。这愈看愈大的天空有如伟大哲人恢宏的头颅，白云是他的思想。有时风云交汇，会闪出一道智慧的灵光，响起一句警示世人的哲理。此时，哲人也累了，沉浸在秋天的松弛里。它高远，平和，神秘无限。大大小小、松松散散的云彩是他思想的片断，而片断才是最美的，无论思想还是情感……这千形万状精美的片断伴同空灵的音响，在我眼前流过，还在阳光里洁白耀眼。那乘着小提琴旋律的鸟儿一直钻向云天,愈高愈小,最后变成一个极小的黑点儿,忽然“噗”地扎入一个巨大、蓬松、发亮的云团……

我陡然想起一句话:

“我一扑向你,就感到无限温柔啊。”

我还想起我的一句话:

“我睡在你的梦里。”

那是一个清明的早晨,在实实在在酣睡一夜醒来时,正好看见枕旁你朦胧的、散发着香气的脸说的。你笑了,就像荷塘里、雨里、雾里悄然张开的一朵淡淡的花。

接下去的温情和弦,带来一片疏淡的田园风景。秋天消解了大地的绿,用它中性的调子,把一切色泽调匀。和谐又高贵,平稳又舒畅,只有收获过了的秋天才能这样静谧安详。几座闪闪发光的麦秸垛,一缕银蓝色半透明的炊烟,这儿一棵那儿一棵怡然自得站在平原上的树,这儿一只那儿一只慢吞吞吃草的杂色的牛。在弦乐的烘托中,我心底渐渐浮起一张又静又美的脸。我曾经用吻像画家用笔那样勾勒过这张脸:轮廓、眉毛、眼睛、嘴唇……这样的勾画异常奇妙,无形却深刻地记住。你嘴角的小涡、颤动的睫毛、鼓脑门和尖俏下巴上那极小而光洁的平面……近景从眼前疾掠而过,远景跟着我缓缓向前,大地像唱片慢慢旋转,耳朵里不绝地响着这曲人间牧歌。

一株垂死的老树一点点走进这巨大唱片的中间来。它的根像唱针,在大自然深处划出一支忧伤的曲调。心中的光线和风景的光线一同转暗,即使一湾河水强烈的反光,也清冷,也刺目,也凄凉。一切阴影都化为行将垂暮秋天的愁绪;萧疏的万物失去往日共荣的激情,各自挽着生命的孤单;篱笆后一朵迟开的小葵花,像你告别时在人群中伸出的最后一次招手,跟着被轰隆隆前奔的列车甩到后边……春的萌动、颤栗、骚乱,夏的喧闹、蓬勃、繁华,全都消匿而去,无可挽回。不管它曾经怎样辉煌,怎样骄傲,怎样光芒四射,怎样自豪地挥霍自己的精力与才华,毕竟过往不复。人生是一次性的;生命以时间为载体,这就决定人类以死亡为结局的必然悲剧。谁能把昨天和前天追回来,哪怕再经受一次痛苦的诀别也是幸福,还有那做过许多傻事的童年,年轻的母亲和初恋的梦,都与这老了的秋天去之遥远了。一种浓重的忧伤混同音乐漫无边际地散开,渲染着满目风光。我忽然想喊,想叫这列车停住,倒回去!

突然,一条大道纵向冲出去,黄昏中它闪闪发光,如同一支号角嘹亮吹响,声音唤来一大片拔地而起的森林,像一支金灿灿的铜管乐队,奏着庄严的乐曲走进视野。来不及分清这是音乐还是画面变换的原故,心境陡然一变,刚刚的忧愁一扫而光。当浓林深处一棵棵依然葱绿的幼树晃过,我忽然醒悟,秋天的凋谢全是假象!

它不过在寒飙来临之前把生命掩藏起来,把绿意埋在地下,在冬日的雪被下积蓄与浓缩,等待下一个春天里,再一次加倍地挥洒与铺张!远远山坡上,坟茔,在夕照里像一堆火,神奇又神秘,它哪里是埋葬的 具尸体或 个孤魂?既然每个生命都在创造,另一个生命离去,什么叫做死亡?死亡,不仅仅是一种生命的转换,旋律的变化,画面的更迭吗?那么世间还有什么比死亡更庄严、更神圣、更迷人!为了再生而奉献自己的伟大的死亡啊……

秋天的音乐已如圣殿的声音;这壮美崇高的轰响,把我全部身心都裹住、都净化了。我惊奇地感觉自己像玻璃一样透明。

这时,忽见对面坐着两位老人,正在亲密交谈。残阳把他俩的脸晒得好红,条条皱纹都像画上去的那么清楚。人生的秋天！他们把自己的青春年华、所有精力为这世界付出,连同头发里的色素也将耗尽,那满头银丝不是人间最值得珍惜的么?我瞧着他俩相互凑近、轻轻谈话的样子，不觉生出满心的爱来,真想对他俩说些美好的话。我摘下耳机,未及开口,却听他们正议论关于单位里上级和下级的事,哪个连着哪个,哪个与哪个明争暗斗，哪个可靠和哪个更不可靠，哪个是后患而必须……我惊呆了,以致再不能听下去,赶快重新戴上耳机,打开音乐,再听,再放眼窗外的景物,奇怪!这一次,秋天的音乐,那些感觉,全没了。

“艺术原本是欺骗人生的。”

在我返回家,把这盘录音带送还给我那朋友时,把这话告他。

他不知道我为何得到这样的结论，我也不知道他为何对我说：

“艺术其实是安慰人生的。”

冬日絮语

每每到了冬日，才能实实在在触摸到了岁月。年是冬日中间的分界。有了这分界，便在年前感到岁月一天天变短，直到残剩无多！过了年忽然又有大把的日子，成了时光的富翁，一下子真的大有可为了。

岁月是用时光来计算的。那么时光又在哪里？在钟表上，日历上，还是行走在窗前的阳光里？

窗子是房屋最迷人的镜框。节候变换着镜框里的风景。冬意最浓的那些天，屋里的热气和窗外的阳光一起努力，将冻结玻璃上的冰雪融化；它总是先从中间化开，向四边蔓延。透过这美妙的冰洞，我发现原来严冬的世界才是最明亮的。那一如人的青春的盛夏，总有阴影遮翳，葱茏却幽暗。小树林又何曾有这般光明？我忽然对老人这个概念生了敬意。只有阅尽人生，脱净了生命年华的叶子，才会有眼前这小树林一般明彻。只有这彻底的通彻，才能有此无边的安宁。安宁不是安寐，而是一种博大而丰实的自享。世中唯有创造者所拥有的自享才是人生真正的幸福。

朋友送来一盆“香棒”，放在我的窗台上说：“看吧，多漂亮的大叶子！”

这叶子像一只只绿色光亮的大手，伸出来，叫人欣赏。逆我发现原来严冬的世界才是最明亮的。

光中，它的叶筋舒展着舒畅又潇洒的线条。一种奇特的感觉出现了！严寒占据窗外，丰腴的春天却在我的房中怡然自得。

自从有了这盆“香棒”，我才发现我的书房竟有如此灿烂的阳光。它照进并充满每一片叶子和每一根叶梗，把它们变得像碧玉一样纯净、通亮、圣洁。我还看见绿色的汁液在通明的叶子里流动。这汁液就是血液。人的血液是鲜红的，植物的血液是碧绿的，心灵的血液是透明的，因为世界的纯洁来自于心灵的透明。但是为什么我们每个人都说自己纯洁，而整个世界却仍旧一片混沌呢？

我还发现，这光亮的叶子并不是为了表示自己的存在，而是为了证实阳光的明媚、阳光的魅力、阳光的神奇。任何事物都同时证实着另一个事物的存在。伟大的出现说明庸人的无所不在；分离愈远的情人，愈显示了他们的心丝毫没有分离；小人的恶言恶语不恰好表达你的高不可攀和无法企及吗？而骗子无法从你身上骗走的，正是你那无比珍贵的单纯。老人的生命愈来愈短，还是他生命的道路愈来愈长？生命的计量，在于它的长度，还是宽度与深度？

冬日里，太阳环绕地球的轨道变得又斜又低。夏天里，阳光的双足最多只是站在我的窗台上，现在却长驱直入，直射在我北面的墙壁上。一尊唐代的木佛一直伫立在阴影里沉思，此刻迎着一束光芒无声地微笑了。

阳光还要充满我的世界，它化为闪闪烁烁的光雾，朝着四周的阴暗的地方浸染。阴影又执着又调皮，阳光照到哪里，它就立刻躲到光的背后。而愈是幽暗的地方，愈能看见被阳光照得晶晶发光的游动的尘埃。这令我十分迷惑：黑暗与光明的界限究竟在哪里？黑夜与晨曦的界限呢？来自于早醒的鸟第一声的啼叫吗？……这叫声由于被晨露滋润而异样地清亮。

但是，有一种光可以透入幽闭的暗处，那便是从音箱里散发出来的闪光的琴音。鲁宾斯坦的手不是在弹琴，而是在摸索你的心灵；他还用手思索，用手感应，用手触动色彩，用手试探生命世界最敏感的悟性……琴音是不同的亮色，它们像明明灭灭、强强弱弱的光束，散布在空间！那些旋律片段好似一些金色的鸟，扇着翅膀，飞进布满阴影的地方。有时，它会在一阵轰响里，关闭了整个地球上的灯或者创造出一个辉煌夺目的太阳。我便在一张寄给远方的失意朋友的新年贺卡上，写了一句话：

你想得到的一切安慰都在音乐里。

冬日里最令人莫解的还是天空。

盛夏里，有时乌云四合，那即将被峥嵘的云吞没的最后一块蓝天，好似天空的一个洞，无穷地深远。而现在整个天空全成了这样，在你头顶上无边无际地展开！空阔、高远、清澈、庄严！除去少有的飘雪的日子，大多数时间连一点点云丝也没有，鸟儿也不敢飞上去，这不仅由于它冷冽寥廓，而是因为它大得……大得叫你一仰起头就感到自己的渺小。只有在夜间，寒空中才有星星闪烁。这星星是宇宙间点灯的驿站。万古以来，是谁不停歇地从一个驿站奔向下一个驿站？为谁送信？为了宇宙间那一桩永恒的爱吗？

我从大地注视着这冬天的脚步，看看它究竟怎样一步步、沿着哪个方向一直走到春天？

黄山绝壁松

黄山以石奇云奇松奇名天下。然而登上黄山,给我以震动的是黄山松。

黄山之松布满黄山。由深深的山谷至大大小小的山顶,无处无松。可是我说的松只是山上的松。

山上有名气的松树颇多。如迎客松、望客松、黑虎松、连理松等等,都是游客们竞相拍照的对象。但我说的不是这些名松,而是那些生在极顶和绝壁上不知名的野松。

黄山全是石峰。裸露的巨石侧立千仞,光秃秃没有土壤,尤其那些极高的地方,天寒风疾,草木不生,苍鹰也不去那里,一棵棵松树却破石而出,伸展着优美而碧绿的长臂,显示其独具的气质。世人赞叹它们独绝的姿容,很少去想在终年的烈日下或寒风中,它们是怎样存活和生长的?

一位本地人告诉我,这些生长在石缝里的松树,根部能够分泌一种酸性的物质,腐蚀石头的表面,使其化为养分被自己吸收。为了从石头里寻觅生机,也为了牢牢抓住绝壁,以抵抗不期而至的狂风的撕扯与摧折,它们的根日日夜夜与石头搏斗着,最终不可思议地穿入坚如钢铁的石体。细心便能看到,这些松根在生长和壮大时常常把石头从中挣裂!还有什么树木有如此顽强的生命力?

维也纳春天的三个画面

你一听到青春少女这几个字，是不是立刻想到纯洁、美丽、天真和朝气？如果是这样你就错了！你对青春的印象只是一种未做深入体验的大略的概念而已。青春，它是包含着不同阶段的异常丰富的生命过程。一个女孩的十四岁、十六岁、十八岁——无论她外在的给人的感觉，还是内在的自我感觉，都决不相同；就像春天，它的三月、四月和五月是完全不同的三个画面。你能从自己对春天的记忆里找出三个画面吗？

我有这三个画面。它不是来自我的故乡故土，而是在遥远的维也纳三次旅行中的画面定格，它们可绝非一般！在这个用音乐来召唤和描述春天的城市里，春天来得特别充分、特别细致、特别蓬勃，甚至特别震撼。我先说五月，再说三月，最后说四月，它们各有一次叫我的心灵感到过震动，并留下一个永远具有震撼力的画面。

五月的维也纳，到处花团锦簇，春意正浓。我到城市远郊的山顶上游玩，当晚被山上热情的朋友留下，住在一间简朴的乡村木屋里，窗子也是厚厚的木板。睡觉前我故意不关严窗子，好闻到外边森林的气味，这样一整夜就像睡在大森林里。转天醒来时，屋内竟大亮，谁打开的窗子？正诧异着，忽见窗前一束艳红艳红的玫瑰。谁放在那里的？走过去一看，呀，我怔住了，原来夜间窗外新生的一支缀满花朵的红玫瑰，趁我睡熟时，一点点将窗子顶开，伸进屋来！它沾满露水，喷溢浓香，光彩照人；它怕吵醒我，竟然悄无声息地又如此辉煌的进来了！你说，世界上还有哪一个春天的画面更能如此震动人心？

那么，三月的维也纳呢？

这季节的维也纳一片空濛。阳光还没有除净残雪，绿色显得分外吝啬。我在多瑙河边散步，从河口那边吹来的凉滋滋的风，偶尔会感到一点春的气息。此时的季节，就凭着这些许的春的泄露，给人以无限期望。我无意中扭头一瞥，看见了一个无论多么富于想象力的人也难以想象得出的画面——

几个姑娘站在岸边，她们正在一起向着河口那边伸长脖颈，眯缝着眼，撅着芬芳的小嘴，亲吻着从河面上吹来的捎来的春天的风！她们做得那么投入、倾心、陶醉、神圣；风把她们的头发、围巾和长长衣裙吹向斜后方，波浪似的飘动着。远看就像一件伟大的雕塑。这简直就是那些为人们带来春天的仙女们啊！谁能想到用心灵的吻去迎接春天？你说，还有哪个春天的画面，比这更迷人、更诗意、更浪漫、更震撼？

我心中的画廊里，已经挂着维也纳三月和五月两幅春天的图画。这次恰好在四月里再访问维也纳，我暗下决心，无论如何也要找到属于四月这个季节的同样强烈动人的春天杰作。

开头几天，四月的维也纳真令我失望。此时的春天似乎只是绿色连着绿色。大片大片的草地上，没有五月那无所不在的明媚的小花。没有花的绿地是寂寞的。我对驾着车一同外出的留学生小吕说：

“四月的维也纳可真乏味！绿色到处泛滥，见不到花儿，下次再来非躲开四月不可！”

小吕听了，就把车子停住，叫我下车，把我领到路边一片非常开阔的草地上，然后让我蹲下来扒开草好好看看。我用手拨开草一看，大吃一惊：原来青草下边藏了满满一层花儿，白的、黄的、紫的，纯洁、娇小、鲜亮，这么多、这么密、这么辽阔！它们比青草只矮几厘米，躲在草下边，好像只要一努劲，就会齐刷刷地全冒出来……

“得要多少天才能冒出来？”我问。

“也许过几天，也许就在明天。”小吕笑道，“四月的维也纳可说不准，一天换一个样儿。”

可是，当夜冷风冷雨，接连几天时下时停，太阳一直没露面儿。我很快就要离开这里去意大利了，便对小吕说：

“这次看不到草地上那些花儿，真有点遗憾呢，我想它们刚冒出来时肯定很壮观。”

小吕驾着车没说话，大概也有些快快然吧。外边毛毛雨点把车窗遮得像拉了一道纱帘。可车子开出去十几分钟，小吕忽对我说：“你看窗外——”隔着雨窗，看不清外边，但窗外的颜色明显地变了：白色、黄色、紫色，在窗上流动。小吕停了车，手伸过来，一推我这边的车门，未等我弄明白是怎么回事，便说：

“去看吧——你的花！”

迎着细密地、凉凉地吹在我脸上的雨点，我看到的竟是一片花的原野。这正是前几天那片千千万万朵花儿藏身的草地，此刻一下子全冒出来，顿时改天换地，整个世界铺满全新的色彩。虽然远处大片大片的花已经与蒙蒙细雨融在一起，低头却能清晰看到每一朵小花，在冷雨中都像英雄那样傲然挺立，明亮夺目，神气十足。我惊奇地想：它们为什么不是在温暖的阳光下冒出来，偏偏在冷风冷雨中拔地而起？小小的花居然有此气魄！四月的维也纳突然叫我明白了生命的意味是什么？是——勇气！

这两个普通又非凡的字眼，又一次叫我怦然感到心头一震。这一震，便使眼前的景象定格，成为四月春天独有的壮丽的图画，并终于被我找到了。

拥有了这三幅画面，我自信拥有了春天，也懂得了春天。

话说中国画

中国画在世界上是独一无二的。这不仅因其历史深厚久远,大师巨匠其众如林,传世名作浩似烟海,更重要的是它异常独特,且具鲜明的民族个性。中华民族独有的宇宙观、哲学观、艺术观、审美观,顽强地表现其间;把其他任何民族的绘画与其放在一起,都迥然不同,立时可见;中国画独放异彩。

中国画自它诞生之日始,就不以追摹自然形态为能事,而把表现物象的精神作为目的。在形与神的关系上,认为“论画以形似,见与儿童邻”(苏轼语),主张“以形写神”(顾恺之语)。哪怕所画的形态在“似与不似之间”(齐白石语),也要把内在的精神表现出来。这就使中国画家的注意力始终投射在事物内在的、深层的、本质的层面上。唐宋两代,繁盛迷人的社会生活征服了画家,严谨认真写实的画风因之盛行一时,但捕捉物象精神仍是绘画的最高追求。同时,一些修养渊深的文人介入绘画,他们强调情感抒发与个性张扬,绘画的精神内涵得到进一步充实与开拓。文人们还主张“诗是无形画,画是有形诗”,“书画同源”,这样就把诗的深刻境界与书法的审美品格带入绘画,促使独具魅力的中国画艺术特征的形成。

诗对画的首要影响,是使画家不受自然物象的时空局限,凝练升华,联想自由,去构造更加动人和感人的艺术境界。诗的洗练、隽永、含蓄和韵味，使绘画更注重“虚”的成分，更讲究“空白”的运用，更致力于笔墨的精练与意趣。文学中常见的象征、比喻、夸张、拟人等手法，被带入绘画后，绘画的表现力更大大地增强。这也是明清以来大写意画的主要艺术手法。

书法是中国特有的、纯形式的艺术。在书法中，整体的布局，字的形态与架构，乃至一点一画，无不充溢着形式感；笔的疾缓、刚柔、巧拙、藏露，墨的枯润、饱渴、轻重、浓淡，一方面直抒作者的情感与思绪，一方面传达审美的精神与理想。中国的绘画与书法都使用毛笔，中国画又是以线造型，线条是画面的骨架，书法的笔墨便自然而然地过渡到绘画中来，不仅提高了绘画用笔的技法和能力，也丰富了绘画的笔情墨趣和形式美。尤其是通过苏轼、文同、赵孟頫等人的努力，将书法引入绘画，使元以来绘画的面貌翻然一变，全然改观了。

元朝以来的中国画，还兴起在画面上题写诗文。画面既是绘画作品，也是书法作品，又是可读的文学作品，再加上篆刻印章，所谓“诗、书、画、印”一体，构成中国画独具的形式美。这对画家的修养也有了更高和更全面的要求。画家多是工诗善书、兼精治印的“通才”。

中国画的主要工具材料是纸、笔、墨。最早的中国画大多画在绢上，宋元以来渐渐搬到纸上来。纸的种类很多，大致分为生熟两类：熟宣纸类是用矾水刷过的，不渗水，适于画精整而细致的工笔画；生宣纸吸水性强，不易掌握，但把水墨铺展上去，变幻无穷，故宜于挥洒淋漓多趣的写意画。笔的种类更是不可胜数，粗分可分做三类：一是笔锋刚健的狼毫类；二是锋毛柔软的羊毫类；三是兼用狼毫与羊毫混制而成，笔性刚柔相济的兼毫类。画家根据所要画的物象的形态和质感选择不

诗是无形画，
画是有形诗。

同的毛笔，往往一幅画要用多种类型的笔。一枝毛笔锋毫的散聚，含水蘸墨的多少，全由画家根据需要控制；使用笔锋的不同部位——中锋、侧锋、逆锋等，效果全然不同。每个画家都有自己习惯的用笔方法，这也是构成画家风格的重要因素。中国画上最主要的颜色是黑色。中国画说"墨分五色"，即用浓淡不同的墨色作画，常常不附加其他颜色，也一样可以表现物象的丰富性。中国画家在用墨上积累了很多经验，有的画家以独到的墨法自成一家。有时，画面加入其他颜色。早期的中国画所用颜色多为矿物质原料，如朱砂、石青、石绿、石黄、赭石、铅粉等，覆盖性强，色彩浓艳，经久不变，故当时中国画多为单线平涂，画面具有强烈的装饰效果；后来，渐多采用植物和矿物颜料，如花青、藤黄、胭脂、朱砂等，能被水溶解，互相调配，色泽接近自然，并能与墨结合，相辅相成，色调典雅。偶有画面，只用颜色，不用墨色，谓之"没骨"。骨即墨色，可见墨在中国画中至关重要、无可替代的位置。可以说，没有墨就没有中国画。

中国画的分类非常繁杂，名称极多。从题材内容上，习惯分为人物、山水、花鸟、楼台、走兽、博古等；从画面笔墨繁简的程度上，分为写意、工笔、大写意、半工半写等；从设色上分为青绿、金碧、浅绛、水墨等；从技法上分为白描、双钩、单线平涂、泼墨等。中国画在画成之后，要经过装裱工序。一经裱褙，绫托锦衬，高贵大方，并具有很强的赏玩性。中国画的装裱十分考究，款式繁多，一般分为卷轴、镜片、扇面、斗方、册页等，卷轴画中又分为中堂、条幅、对屏、通景等。中国画常常把装裱款式上的分类作为第一位的。

现今留下的最早的绘画，是画在山岩峭壁上，距今五千年以上；后来渐渐移到绢素上，成为单纯观赏性的艺术。开头是无名的工匠为之，此后才有专事绘画的画家出现，此时距今也有两千年了。中国绘画历经许多朝代，在历史江河的百转千折中，涌现出无数照耀古今的杰出画家和名重一时的流派。时风的变迁，致使绘画的面貌不断翻新；名家大师们独来独往、各立一帜，又使画坛千姿百态，形成了举世皆知、漫长悠远、异彩纷呈的中国绘画历史。

水墨文字

一

兀自飞行的鸟儿常常会令我感动。

在绵绵细雨中的峨眉山谷,我看见过一只黑色的孤鸟。它用力扇动着又湿又沉的翅膀,拨开浓重的雨雾和叠积的烟霭,艰难却直线地飞行着。我想,它这样飞,一定有着非同寻常的目的。它是一只迟归的鸟儿?迷途的鸟儿?它为了保护巢中的雏鸟还是寻觅丢失的伙伴?它扇动的翅膀,缓慢、有力、富于节奏,好像慢镜头里的飞鸟。它身体疲惫而内心顽强。它像一个昂扬而闪亮的音符在低调的旋律中穿行。

我心里忽然涌出一些片断的感觉,一种类似的感觉;那种身体劳顿不堪而内心的火犹然熊熊不息的感觉。

后来我把这只鸟,画在我的一幅画中。

所以我说,绘画是借用最自然的事物来表达最人为的内涵。这也正是文人画的首要的本性。

二

画又是画家作画时的心电图。画中的线全是一种心迹。因为,唯有线条才是直抒心臆的。

心有柔情,线则缠绵;心有怒气,线也发狂。心静如水时,一条线从笔尖轻轻吐出,如茧吐丝,又如一串清幽的音色流出短笛。可是你有情勃发,似风骤至,不用你去想怎样运腕操笔,一时间,线条里的情感、力度、乃至速度全发生了变化。

为此,我最爱画树画枝。

在画家眼里树枝全是线条;在文人眼里,树枝无不带着情感。

树枝千姿万态,皆能依情而变。树枝可仰,可俯,可疏,可繁,可争,可倚;唯此,它或轩昂,或忧郁,或激奋,或适然,或坚韧, 或依恋……我画一大片木叶凋零而倾倒于泥泞中的树木时,竟然落下泪来。而每一笔斜拖而下的长长的线,都是这种伤感的一次宣泄与加深,以致我竟不知最初缘何动笔。

至于画中的树,我常常把它们当做一个个人物。它们或是一大片肃然站在那里,庄重而阴沉,气势逼人;或是七零八落,有姿有态,各不相同,带着各自不同的心情。有一次,我从画面的森林中发现一棵婆娑而轻盈的小白桦树。它娇小,宁静,含蓄;那叶子稀少的树冠是薄薄的衣衫。作画时我并没有着意地刻画它。但此时,它仿佛从森林中走出来了。我忽然很想把一直藏在心里的一个少女写出来。

三

绘画如同文学一样, 作品完成后往往与最初的想象全然不同。作品只是创作过程的结果。而这个过程却充满快感,其乐无穷。这快感包括抒发、宣泄、发现、深化与升华。

绘画比起文学具有更多的变数。因为,吸水性极强的宣纸与含着或浓或淡水墨的毛笔接触时,充满了意外与偶然。它在控制之中显露光彩,在控制之外却会现出神奇。在笔锋扫过之地方,本应该浮现出一片沉睡在晨雾中的远滩,可是感觉上却像阳光下摇曳的亮闪闪的荻花,或是一抹在空中散步的闲云。有时笔中的水墨过多过浓,天上的云向下流散,压向大地山川,慢慢地将山顶峰尖黑压压地吞没。它叫我感受到,这是天空对大地惊人的爱!但在动笔之前,并无如此的想象。到底是什么,把我们曾经有过的感受唤起与激发?

是绘画的偶然性。

然而,绘画的偶然必须与我们的心灵碰撞才会转化为一种独特的画面。

绘画过程中总是充满了不断的偶然,忽而出现,忽而消失。就像我们写作中那些想象的明灭,都是一种偶然。感受这种偶然是我们的心灵。将这种偶然变为必然的,是我们敏感又敏锐的心灵。

因为我们是写作人。我们有着过于敏感的内心。我们的心还积攒着庞杂无穷的人生感受。我们无意中的记忆远远多于有意的记忆。我们深藏心中人生的积累永远大于写在稿纸上的有限的素材。但这些记忆无形地拥满心中,日积月累,重重叠叠,谁知道哪一片意外形态的水墨,会勾出一串曾经牵肠挂肚的昨天?

然而,一旦我们捕捉到一个千载难逢的偶然,绘画的工作就是抓住它不放,将它定格。然后去确定它、加强它、深化它。一句话:

艺术就是将瞬间化为永恒。

四

纯画家的作画对象是他人；文人(也就是写作人)作画对象主要是自己。面对自己和满足自己。写作人作画首先是一种自言自语，自我陶醉和自我感动。

因此，写作人的绘画追求精神与情感的感染力；纯画家的绘画崇尚视觉与审美的冲击力。

纯画家追求技术效果和形式感，写作人则把绘画作为一种心灵工具。

五

一阵急雨沙沙有声落在纸上。那是我洒落在纸上的水墨。江中的小舟很快就被这阵濛濛雨雾所遮翳，只有桅杆似隐似现。不能叫这雨过密过紧，吞没一切。于是，一支蘸足清水的羊毫大笔挥去，如一阵风，掀起雨幕的一角，将另一只扁舟清晰地显露出来，连那个头顶竹笠、伫立船头的艄公也看得分外真切。一种混沌中片刻的清明，昏沉里瞬息的清醒。可是，跟着我又将一阵急雨似淋漓的水墨洒落纸上，将这扁舟的船尾遮蔽起来，只留下这瞬息显现的船头与艄公。

我作画的过程就像我上边文字所叙述的过程。我追求这个过程的一切最终全都保留在画面上，并在画面上能够体验到，这就是可叙述性。

写作的叙述是线性的，过程性的，一字一句，不断加入细节，逐步深化。

这里，我的《树后边是太阳》正是这样：大雪后的山野一片洁白，绝无人迹。如果没有阳光，一定寒冽又寂寥。然而，太阳并非没有隐遁，它就在树林的后边。虽然看不见它灿烂夺目的本身，但它无比强烈的光芒却穿过树干与枝桠，照射过来，巨大的树影无际无涯地展开，一下子铺满了辽阔的雪原。

于是，一种文学性质需要说明白。就是我这里所说的叙述性。它不属于诗，而属于散文。那么绘画的可叙述也就是绘画的散文化。

六

最能寄情寓意的是大自然的事物。

比如前边所说树枝的线条可以直接抒发情绪。

再比如，这种种情绪还可以注入流水。无论它激扬、倾泻、奔流，还是流淌、潺缓、波澜不惊，全是一时的心绪。一泻万里如同浩荡的胸襟；骤然的狂波好似突变的心境；细碎的涟漪中夹杂着多少放不下的愁思？

至于光，它能使一切事物变得充满生命感，哪怕是逆光中的炊烟。一切逆光的树叶都胜于艳丽的花。这原因，恐怕还是因为一切生命都受惠于太阳。生命的一切物质含着阳光的因子。比如我们迎着太阳闭上眼，便会发现被太阳照透的眼皮里那种血色，通红透明，其美无比。

还有秋天的事物。一年四季里，唯有秋天是写不尽也画不尽的。春之萌动与锐气，夏之蓬勃与繁华，冬之萧瑟与寂寥，其实也都包括在秋天里。秋天的前一半衔接着夏天，后一半融入冬天。它本身又是大自然最丰饶的成熟期。故此，秋的本质是矛盾与斑斓，无望与超逸，繁华与短促，伤感与自足。

写作人的心境总是百感交集的。比起单纯的情境，他们一定要喜欢唯秋天才有的萧疏的静寂，温柔的激荡，甜蜜的忧伤，以及放达又优美的苦涩。

能够把一切人生的苦楚都化为一种美的只有艺术。

在秋天里，我喜欢芦花。这种在荒滩野水中开放的花，是大自然开得最迟的野花。它银白的花有如人老了的白发。它象征着大自然一轮生命的衰老吗？如果没有染发剂，人间一定处处皆芦花。它生在细细的苇秆的上端，在日渐寒冽的风里不停地摇曳。然而，从来没有一根芦苇荻花是被寒风吹倒吹落的！还有，在漫长的夏天里，它从不开花。任凭人们漠视它，把它只当做大自然的芸芸众生，当做水边普普通通的野草。它却不在乎人们怎么看它，一直要等到百木凋零的深秋，才喷放出那穗样的毛茸茸的花来。没有任何花朵与它争艳。不，本来它的天性就是与世无争的。它无限的轻柔，也无限的洒脱。虽然它不停在风中摇动，但每一个姿态都自在，随意，绝不矫情，也不搔首弄姿。尤其在阳光的照耀下，它那么夺目和圣洁！我敢说，没有一种花能比它更飘洒、自由、多情，以及这般极致的美！也没有一种花比它更坚韧与顽强。它从不取悦于人，也从不凋谢摧折。直到河水封冻，它依然挺立在荒野上。它最终是被寒风一点点撕碎的。

在这永无定态的花穗与飘逸自由的茎叶中，我能获得多少人生的启示与人生的共鸣？

七

绘画的语言是可视的。

绘画的语言有两种。一是形式的,一是技术的。中国人叫做笔墨;现代人叫做水墨。

我更看重笔墨这种语言。

笔作用于纸，无论轻重缓疾；墨作用于纸，无论浓淡湿枯——都是心情使然。

笔的老辣是心灵的枯涩;墨的溶化是情感的舒展。笔的轻淡是一种怀想,墨的浓重是一种撞击。故此,再好的肌理美如果不能碰响心里事物,我也会将它拒之于画外。

文学表达含混的事物,需要准确与清晰的语言;绘画表达含混的事物,却需要同样含混的笔墨。含混是一种视觉美,也是我们常在的一种心境。这暧昧、未明、无尽、嗫嚅、富于想象。如果写作人作画,便一定会醉心般地身陷其中。

八

我习惯写散文时,放一些与文章同种气质的音乐做背景。

那天,我在写一只搁浅于湖边的弃船在苦苦期待着潮汐。忽然,耳边听到潮汐之声骤起。当然这是音乐之声。是拉赫马尼诺夫的音乐吧!我看到一排排长长的深色的潮水迎面而来。它们卷着雪白的浪花,来自天边,其速何疾!一排涌过,又一排上来,向着搁浅的小船愈来愈近。雨点般的水点溅在干枯的船板上。扬的浪头像伸过来的透明而急切的手。音乐的旋律一层层如潮地打在我的心上。我紧张地捏着笔杆,心里激动不已,却不知该怎么写。

突然,我一推书桌,去到画室。我知道现在绘画已经是我最好的方式了。

我把白宣纸像月光一样铺在画案上,满满地刷上清水。然后,用一支水墨大笔来回几笔,墨色神奇地洇开,顿时乌云满纸。跟着大笔落入水盂,笔中的余墨在盂中的清水里像烟一样地散开。我将一笔极淡的花青又窄又长地抹上去,让阴云之间留下一隙天空。随即另操起一支兼毫的长锋,重墨枯笔,捻动笔管,在乌云压迫下画出一排排翻滚而来的潮汐……笔中的水墨不时飞溅到桌上手背上;笔杆碰在盆子碟子上叮当有声。我已经进入绘画之中了。

待我画完这幅《久待》,面对画面,尚觉满意。但总觉还有什么东西深藏画中。沉默的图画是无法把这东西“说”出来的。我着意地去想,不觉拿起钢笔,顺手把一句话写在稿纸上:

“人生的大部分时间就像钓者那样守着一种美丽的空望。”

跟着,我就写了下去:

“期望没有句号。”

“美好的人生是始终坚守着最初的理想。”

“真正的爱情是始终恪守着最初的誓言。”

“爱比被爱幸福。”

于是,我又返回到文学中来。

我经常往返在文学与绘画之间,然而这是一种甜蜜的往返。

老街的意义

城市是有生命的，所以我们结识了一个城市之后，总会问一问这城市的由来。有的城市没有留下童年的痕迹，它的历史仅存于空洞的文字记载中；有的却活生生地遗存至今——这便是城中的老街。

有时徜徉在村镇中，会觉得它很像一个城市的雏形。如同一只羽翼未丰的雏鸡那样，说不定百年之后会壮大和发福，长成一个膀大腰圆的城市。村镇都是这样，一大片房子，中间有一条街，街上有店铺和作坊，有东西卖，有吃有喝，这条街很重要，供应这镇上居民一切生活之必需，自然也就是为这个群落的成长而输送能源的血脉了。我这话的意思是，城市的源头是一条街。最早的街，过后都叫做老街。

天津这城市，受益于海河水系。这无疑以码头为起点。那时四方货物都凭借着河水的运载进行流畅的交换。码头便是转运站，或称枢纽。码头首先都是吃喝不愁，东西充足，各地运来的物品全是利润极低的"源头货"。这一来，人就都聚到这儿来了。而且人聚在一起，需要用品多，买卖店铺也就应运而生。店铺愈多，活计愈多。供和需互动，买和卖相生，码头便孕育出一个有血有肉的城市的胚胎。

由码头演变为城市，要比由村镇发展为城市快得多。

在冬日的雪被下积蓄与浓缩，
等待下一个春天里，
再一次加倍地挥洒与铺张！

这胚胎的一个重要特征便是生活性的街道的出现。而且这生活性渐渐又质变为社会性。待社会形成，才好说城市开始成形。

码头靠着河，所以天津最古老的街道都在河边，与河平行。主要是两条，分列在三岔河口的一东一西。东边一条是古文化街，以前称做宫前街，由于天津先民的民间崇拜妈祖的庙宇在那里，所以那条街更多文化色彩。

西边一条是估衣街。估衣街虽然不长，但在此地百姓的生活中至关重要。在天津城市的孕育时期，它的作用就像前边说的村镇中的那条大街一样。

这条街的历史可以追溯到元明时期，当时叫做码头东街。顾名思义，表明天津远在码头阶段即已形成这么一条古街；时间距今超过六个世纪，应在天津建城之前。对于城市史来说，街道两旁的建筑会不断推陈出新，街道本身却总是老样子。倘若没有发生地区毁灭性的天灾人祸，谁也不会把一座新房子盖在街道中央的位置上来。现在，估衣街两边的建筑多是本世纪初商业大发展时期涌现出来的，但也是一座一座新楼屋渐渐插进来的，街道的模样却不改初衷，依然故我。它狭窄细长，略略弯曲，属于那种典型的自然形成的原始形态的老街。

最初，这条街只是码头上居住群落中间的一条干线，兼有购物的作用。但并无“估衣”的功能，估衣街的大名也没有出现。

一条老街总是历尽沧桑。但估衣街还算幸运。它与早期的天津共同经历了数百年的繁华。1900年以前，天津的重心在城市的东面和北面，亦即三岔河口的两边。富商大贾一半居住在城中，一半居住在北城与东城外，尤其南运河边。估衣街正好从中穿过。商埠的特征是贫富之间风云多变。一夜间的暴发和转瞬间的破败全是此地世间的波澜。于是,当铺和那种将死当的衣服贱卖给平民的估衣铺,成了天津的热门买卖。这条花街由于估衣铺集中而得名"估衣街"。但是,估衣街决不仅仅做估衣买卖。天津老字号的名店全都云集这里。如绸缎庄之"谦祥益"和"瑞蚨祥",药店之"达仁堂"和"乐仁堂",鞋帽店之"盛聚福"和"同升和",瓷器店之"瑞昌祥"和"同泰祥",糖果店之"瑞鑫号",南纸局之"文美斋",以及皮货、香烛、眼镜、广货、银号、颜料等等,还有饭店、戏园、澡堂、理发店掺杂其间,几乎浓缩了整个天津的商业。在它的极盛时期,大约有一二百家名店夹峙在这仅有一里长的老街上。

估衣街的繁荣历经了两个高潮,一是清代中期(1800 年)至庚子事变(1900 年),一是从 1900 年至 1930 年。应该说第二个高潮期达到了历史上的巅峰。此时天津正由本土的商埠,急速转变为中国现代大都市。估衣街上应时出现了一批大型商店。建筑上将本地的磨砖对缝等传统技术与西式楼房结构相结合,将本地古色古香的刻砖艺术与舶来洋味十足的铁花护栏相融合,创造了非常独特又优美的民初时期的商业建筑。大概是临街的外墙高耸,装饰华美,形成一道十分新奇又气派的店面;店内两层楼,经营空间比老式的店铺大了一倍以上。应该说,这是我国本土最早的一种大型商厦。其中代表作如谦祥益保记和瑞蚨祥等,至今仍风姿绰约伫立在估衣街头。除去估衣街,不仅在津门——即便走遍全国,也很难找到同类风格的历史精品了。

1930 年以后,一个现代的商业区——劝业场商业区在天津崛起。它将一种外来的极其便利的综合性商业形式,即集购物、娱乐、餐饮和旅店为一体的商业大楼生机勃勃地带给人们。津门的商业中心遂由西北迁至东南，也就是原法租界地区，即今滨江道一带。估衣街上的一些老店，也迁营拔寨，前来加入新一轮的竞争。这一来，估衣街便一步步移出商埠的中心位置，走向边缘，并一点点有了历史文化的价值。

今天，这条老街不仅仍旧保存那些名店，还有大量昔日的货栈、会馆、商业公所等等遗迹。近日我们在其中又发现一些记载着当年商业活动的碑刻，生动地体现了这条街昨日的经济活力。如果再加上史逾百年的总商会遗址，这一地区应是目前我国大都市中保留最完整的系统性的一座本土商业历史博物馆。对于后世，它在旅游方面肯定具有久远和持续的价值——当然，关于将老城区怎样开发为旅游区的话题，还不属于本文探讨的范畴。

一个城市可能有一条或几条老街。对于天津这种文化多元的城市来说，历史深厚的老街大致有四，一是老城中心的十字街，一是古文化街即宫前街，一是估衣街，一是解放路即旧租界中街。每条老街都有其独特内涵，相互不能替代。十字街是本土的政治与文化的核心；旧中街虽然讲究又漂亮，洋楼林立，近代史的积淀很深，但对于津门百姓来说，情感上却比较生疏；至于宫前街和估衣街，就像上海的城隍庙一带、南京的夫子庙地区、苏州的观前街一样，都是市井生活的中心地带，与本地百姓情牵意连，难舍难分。

一个城市的街道，倘从高处俯看，宛如一株大树成百上千条的根须。城市愈大，其根愈茂；这根须其中有几条最长最长的，便是这城市的老街。它与城市的历史一样漫长而悠远。它深深扎在这城市厚厚的历史文化的土壤里，也就是深深扎在这城市人们的心里。这街上的风雨,人们曾与之一起经受;人世间的苦乐悲欢,它也是无言的见证。人们不断地丰富它的故事,反过来它又施惠于人们——从古到今!从物质到精神!人们从老街可以找到的往日的东西真是太多了。故而,一个城市由于有了几条老街,便会有一种自我的历史之厚重、经验之独有、以及一种丰富感和深切的乡恋;它是个实实在在的巨大的历史存在,既是珍贵的物质存在,更是无以替代的精神情感的存在,这便是老街的意义。

如果哪个城市还有条老街,那就是拥有一件传家宝!

今天的辉煌是一种实力,昨日的辉煌才是一种文化。1996年我在开罗,被主人邀请到他们的老城区——著名的汗·哈利利市场去游玩。那是几十条老街构成的最古老的市中心。这些曲折繁复交织如网的老街老巷中,挤着几千家小店铺,专门出售埃及人特有的铜盘、首饰、纸莎草画、罗钿镶嵌、皮件和石雕,店铺中还有一些两层楼的饭店,可以吃到埃及人爱吃的烤饼和手抓羊肉。身在其中,我觉得已经陷入开罗人独有的生活旋涡里,奇特又温暖。我说:“在这里的感觉真是好极了。我读过你们的诺贝尔奖得主纳吉布·马哈福子关于这个市场的一些小说片断。现在不知道是他把这条街写活了,还是这条街使他写活了。”主人听了很高兴,他说:“开罗也有一些国际化现代化的大街,很漂亮,很气派,但那不是开罗,这才是开罗,是埃及!哎——”他忽问我,“你的城市也有这样的老街吗?”

我心里忽然冒出古文化街和估衣街来,不由得很骄傲地说:“当然!”

贺兰人的唱灯影子

一个唐代的罐子放了上千年，如果不碰它，总还是那个样子不会变；可是一种戏一种舞一种民俗艺术就不一样了，甭说千年，就是经过百八十年，因时而变因人而变因习尚而变，就像女大十八变那样不断地改变，甚至会变得面目全非。你说京剧、时调、年画、清明节近百年有多大的变化？这便是物质与非物质文化遗产最大的不同。物质遗产是静态的，非物质遗产是动态的，传承的，嬗变的。在这动态的演变过程中，对其影响最直接的是传人。

传承人最大的特点是水平有高有低。如果这一代艺人禀赋高，悟性好，甚至还有创造性，家传的技艺便被发扬光大；如果下一代天赋低，悟性差，缺少才气，水准便一下子滑坡滑下来。有些地方的民间艺术尽管名气挺大，一看却颇平庸，便是此理。为此，看各种民间艺术当下的水准，也是我重要的考察点之一。由此而言，如今贺兰人的皮影——唱灯影子就叫我喜出望外了。

我国的皮影遍及各地，唱腔各异，材料不同，各有各的称呼。诸如北京的“纸窗影”、湖南的“影子戏”、福建的“皮猴戏”、甘肃陇原的“牛窑戏”、黄河流域的“驴皮影”等等；宁夏的贺兰人则叫它“唱灯影子”。这“唱灯影子”的叫法非常形象。首先是

"唱",戏是唱出来的,"唱"就演戏;然后是"灯影子",皮影戏不是人直接演的,而是借助灯光把羊皮或驴皮雕刻的戏人照在布单上的影子来演。瞧,贺兰人多干脆,用"唱灯影子"四个字儿就把它说得明明白白。

皮影的表演有在室内,也有在室外。皮影要用灯光,在室外必须要等到天黑下来才能演;室内就好办了,不管什么时候,只要拿东西遮住窗子,再吊一条白被单(一称布幕,贺兰人称之为"亮子"),后边使光一照,便可开演。看戏的人坐在布幕前边,演戏的人在布幕后边。

演皮影戏的人不算少,拉弦、操琴、司鼓、吹号、碰铃、伴唱等等,至少得七八个人一同忙。但主角是站在布幕后边正中央的"师傅"。他主说主唱,两只手一刻不停地耍着皮影,同时兼演全戏所有角色。戏的好坏全看他的了。

我每次看皮影,都要跑到布幕后边瞧上几眼。因为那些在布幕上神出鬼没、又哭又笑的灯影子都是在后边耍弄出来的。严严实实的布幕后边总是充满了神秘感,给我以极大的诱惑。

今儿主演这台戏的师傅是贺兰县无人不知的金贵镇潘昶乡的张进绪,所演的戏目叫做《王翦平六国》,说的是秦代名将王翦辅助秦始皇横扫六国、统一天下的故事。这个故事现今很少有人知道,是张进绪从他父亲张维秀手里原原本本接过来的。张维秀在三十多年前就已去世,如今张进绪也是六十开外,个子矮矮,灰衣皂裤,头扣小帽,神色平和,然而他往布幕后边一站,立时好像长了身个儿,一员大将似的,气度不凡。

布幕后边的地界挺小,不足一丈见方,叫拉琴击鼓的乐队坐得密不透风。布幕下边是一条长案,摆着各种道具;其余三面是竹竿扎成的架子,横杆上挂了一圈花花绿绿、镂空挖花的皮影人。张进绪这些皮影人儿和全套的乐器，都是祖上一代代传下来的老物件，摆在那儿，有股子惟老东西才有的肃穆又珍贵的气息。尤其这上百个皮影人，生旦净丑，一概全有。好似人间众生，都挂在那里等候出场。但他们不是被无序或随意挂在那里的，而是依照着出场的前后排次有序。别看他们面无表情，神色木然，只要给张进绪摘下来在布幕前一耍，再配上锣鼓唢呐，以及那种又有秦腔又有道情又有当地的山花的腔调，便立时声情并茂地活蹦乱跳，眉飞色舞，活了起来。

身材矮小的张进绪一旦入戏，便有股子霸气，好似天下事的兴衰，戏中人的祸福，全由他来主宰。后台是他的舞台。他略带沙哑的嗓子又唱又说又喊又叫，两只手把一桌子的皮影折腾得飞来飞去。看他的表情真像站在台上唱戏演戏一般，给我以强烈的感染。但在布幕那一边，却早化成戏中一个个性情各异的灯影子了。

当我回到布幕前边，坐下来细细品赏，便看出他演唱的高超。他不单唱得味儿如醇酒，大西北的苍劲中，兼有黄河滋育的柔和；那些灯影子的举手投足，则无不鲜活灵动，神采飞扬，而且居然能随着说唱和音乐的节奏，摇肩晃脑，挺胸收腹，甚至连同手指头也随之顿挫有致。一时觉得，这唱不是张进绪唱，分明是灯影子在唱。于是，灯影、乐声和剧情浑然 体。如今的贺兰还有多少人有这种功夫？

据说，此地的皮影是一百多年前由一位名叫赵小卓的满族人从陕西带到宁夏来的，后来由贺兰县几位颇具才情的村民接过衣钵，继承发扬，在皮影制作、演唱风格上融入本地的文化与气质，深受百姓热爱。昔时，交通不便，钱太少，戏班子很难深入穷乡僻壤。老百姓便用这种简朴又优美的影戏自演和自娱。这应是一种原始的“影视艺术”。这种“唱灯影子”不单在贺兰县这一带扎下根，成了气候，影响还远及银南、隆德、盐池和内蒙鄂托克旗等地。据说，当时传承赵小卓皮影戏的有刘派（刘有子）和张派（张维秀）两家。但刘派后继无人，人亡而歌息；张派却传了下来。难得的是今儿的传人张进绪的禀赋依然很高，又深爱这门古艺，所有家传皮影和演奏器具都好端端保存至今。时下，逢到各乡各村举办节庆或喜事的时候，都会请他去演出助兴。届时，他弟弟、妹妹、孩子全是伴唱奏乐的成员。如今这种家庭化的影戏班子，已经非常罕见，传承人的水平又如此之高，真叫我们视如珍宝了。

于是，我扭头对坐在身边的贺兰县的县长低声建议，要全力保护好张家的皮影戏。一是要在经济上贴补传承人的后代，保证其薪火不断，二是设法将张家的老皮影保存起来。演出使用的皮影，可以到陕西华县按照本地的老样子订制一批新的。希望县里考虑给张氏皮影建个小小的博物馆，保存和见证贺兰人“唱灯影子”的传统。三是为张家皮影多创造一些演出机会，使其保持活态。四是把皮影送进当地学校，送进课堂，培养孩子们的乡土文化情感。

话说到这里，忽见白晃晃布幕上，秦将王翦向敌军首领掷出手中宝剑。这宝剑闪着寒光，在布幕上飞来飞去。一时，锣鼓声疾，唱腔声切，气氛颇是紧张与急迫，忽然“哐”的一响，飞剑穿透敌首脖颈，顿时身首异处，插着宝剑的首级在空中停了一下，然后“啪”一声掉在地上。这一幕可谓触目惊心。满屋看客都不禁叫好。我忽想到：这么好的贺兰人的唱灯影子，可千万别只叫我们这代人看到。

最后的梵·高

我在广岛的原子弹灾害纪念馆中,见到一个很大的石件,上边清晰地印着一个人的身影。据说这个人当时正坐在广场纪念碑前的台阶上小憩。在原子弹爆炸的瞬间,一道无比巨大的强光将他的影像投射在这石头上,并深深印进石头里边。这个人肯定随着核爆炸灰飞烟灭。然而毁灭的同时却意外地留下一个匪夷所思的奇观。

毁灭往往会创造出奇迹。这在大地震后的唐山、火山埋没的庞贝城,以及奥斯威辛与毛特豪森集中营里我们都已经见过。这些奇迹全是悲剧性的,充满着惨烈乃至恐怖的气息。可是为什么梵·高却是一个空前绝后的例外,他偏偏在毁灭之中闪耀出无可比拟的辉煌?

法国有两个不起眼的小地方,一直令我迷惑又神往。一个是巴黎远郊瓦涅河边的奥维尔,一个是远在南部普罗旺斯地区的阿尔。它们是梵·高近乎荒诞人生的最后两个驿站。阿尔是梵·高神经病发作的地方,奥维尔则是他疾病难捺,最后开枪自杀之处。但使人莫解的是,梵·高于 1888 年 2 月 21 日到达阿尔,12 月发病,转年 5 月住进精神病院;一年后出院前往奥维尔,两个月后自杀。这前前后后只有两年!然而他一生中最杰出的作品却差不多都在这最后两年、最后两个地方,甚至是在精神病反反复复发作中画的。为什么?

于是,我把这两个地方"两点一线"串联起来。先去普罗旺斯的阿尔去找他那个"黄色小屋",还有圣雷米精神病院;再回到巴黎北部的奥维尔,去看他画过的那里的原野,以及他的故居、教堂和最终葬身的墓地。我要在法国的大地上来来回回跑一千多公里,去追究一下这个在艺术史上最不可思议的灵魂。我要弄个明白。

在梵·高来到阿尔之前,精神系统里已经潜伏着发生错乱和分裂的可能。这位有着来自母亲家族的精神病基因的荷兰画家,孤僻的个性中包藏着脆性的敏感与烈性的张力。他绝对不能与社会及群体相融,耽于放纵的思索,孤军奋战那样地在一己的世界中为所欲为。然而,没有人会关心这个在当时还毫无名气的画家的精神问题。

在世人的眼里,一半生活在想象天地里的艺术家们,本来就是一群"疯子"。故此,不会有人把他的喜怒无常,易于激动,抑郁寡言,看作是一种精神疾病早期的作怪。他的一位画家朋友纪约曼回忆他突然激动起来的情景时说:"他为了迫不及待地解释自己的看法,竟脱掉衣服,跪在地上,无论怎样也无法使他平静下来。"

这便是巴黎时期的梵·高。最起码他已经是非常的神经质了。

梵·高于 1881 年 11 月在莫弗指导下画成第一幅画。但是此前此后, 他都没有接受任何系统性的绘画训练。1886 年 2 月他为了绘画来到巴黎。这时他还没有确定的画风。他崇拜德拉克罗瓦、米勒、罗梭，着迷于正在巴黎走红的点彩派的修拉，还有日本版画。这期间他的画中几乎谁的成分都有。如果非要说出他的画有哪些特征是属于自己的，那便是一种粗犷的精神与强劲的生命感。而这时，他的精神疾病就已经开始显露出端倪——

1886 年他刚来到巴黎时，大大赞美巴黎让他头脑清晰，心情舒服无比。经他做画商的弟弟迪奥介绍，他加入了一个艺术团体，其中有印象派画家莫奈、德加、毕沙罗、高更等等，也有小说家左拉和莫泊桑。这使他大开眼界。但一年后，他便厌烦巴黎的声音，对周围的画家感到恶心，对身边的朋友愤怒难忍。随后他觉得一切都混乱不堪，根本无法作画，他甚至感觉巴黎要把他变成“无可救药的野兽”。于是他决定“逃出巴黎”，去南部的阿尔！

1888 年 2 月他从巴黎的里昂车站踏上了南下的火车。火车上没有一个人知道他的名字。更不会有人知道这个人不久就精神分裂，并在同时竟会成为世界美术史上的巨人。

我从马赛出发的时间接近中午。当车子纵入原野，我忽然明白了一百年前——初到阿尔的梵·高那种“空前的喜悦”由何而来。普罗旺斯的太阳又大又圆，在世界任何地方都见不到这样大的太阳。它距离大地很近，阳光直射，不但照亮也照透了世上的一切，也使梵·高一下子看到了万物本质——一种通透的、灿烂的、蓬勃的生命本质。他不曾感受到生命如此的热烈与有力！他在给弟弟迪奥的信中，上百次地描述太阳带给他的激动与灵感。而且他找到了一种既属于阳光也属于他自己的颜色——夺目的黄色。他说“铬黄的天空，明亮得几乎像太阳。太阳本身是一号铬黄加白。天空的其他部分是一号和二号铬黄的混合色。它们黄极了！”这黄色立刻改变了梵·高的画，也确立了他的画！

大太阳的普罗旺斯使他升华了。他兴奋之极。于是，他马上想到把他的好朋友高更拉来。他急要与高更一起建立起一间“未来画室”。他幻想着他们共同和永远地使用这间画室，并把这间画室留给后代，留给将来的“继承者们”。他心中充满一种壮美的事业感。他真的租了一间房子，买了几件家具，还用他心中的黄色将房子的外墙漆了一遍。此外又画了一组十几幅《向日葵》挂在墙上，欢迎他所期待的朋友的到来。这种吸满阳光而茁壮开放的粗大花朵，这种“大地的太阳”，正是他一种含着象征意味的自己。

在高更没有到来之前，梵·高生活在一种浪漫的理想里。他被这种理想弄得发狂。这是他一生最灿烂的几个月。他的精神快活，情绪亢奋。他甚至喜欢上阿尔的一切：男女老少，人人都好。他为很多人画了肖像，甚至还用高更的笔法画了一幅《阿尔的女人》。梵·高在和他的理想恋爱。于是这期间，他的画——比如《繁花盛开的果园》《沙滩上的小船》《朗卢桥》《圣玛丽的农舍》《罗纳河畔的星夜》等等，全都出奇的宁静，明媚与柔和。对于梵·高本人的历史，这是极其短暂又特殊的一个时期。

其实从骨子里说，所有的艺术家都是一种理想主义者。或者说理想才是艺术的本质。但危险的是，他把另一个同样极有个性的画家——高更，当作了自己理想的支柱。

在去往阿尔的路上，我们被糊里糊涂的当地人指东指西地误导，待找到拉马丁广场，已经完全天黑。这广场很大，圆形的，外边是环形街道，再外边是一圈矮矮的小房子。黑黑的，但全都亮着灯。几个开阔的路口，通往四外各处。我们四下去打听拉丁马广场二号——梵·高的那个黄色的小楼。但这里的人好像还是一百年前的阿尔人，全都说不清那个叫什么梵·高的人的房子究竟在哪里。最后问到一个老人，那老人苦笑一下，指了指远处一个路口便走了。

我们跑到那里，空荡荡一无所有。仔细找了找，却见一个牌子立着。呀，上边竟然印着梵·高的那幅名作《在阿尔的房子》——正是那座黄色的小楼！然而牌子上的文字却说这座小楼早在二战期间毁于战火。我们脚下的土地就是黄色小楼的遗址。这一瞬，我感到一阵空茫。我脑子里迅速掠过 1888 年冬天这里发生过的事——高更终于来到这里。但现实总是破坏理想的。把两个个性极强的艺术家放在一起，就像把两匹烈马放在一起。两人很快就意见相左；跟着从生活方式到思想见解全面发生矛盾；于是天天争吵，时时酝酿着冲突，并发展到水火不容的境地。于是理想崩溃了。那个梦幻般的“未来画室”彻底破灭。潜藏在梵·高身上的精神病终于发作。他要杀高更。在无法自制的狂乱中，他割下自己的耳朵。随后是高更返回巴黎，梵·高陷入精神病中无以自拔。他的世界就像现在我眼前的阿尔，一片深黑与陌生。

我同来的朋友问：“还去看圣雷米修道院里的那个精神病院吗？不过现在太黑，去了恐怕什么也看不见。”

我说：“不去了。”我已经知道，那座将梵·高像囚徒般关闭了一年的医院，究竟是什么气息了。

在梵·高一生写给弟弟迪奥的八百封信件里，使我读起来感到最难受的内容，便是他与迪奥谈钱。迪奥是他唯一的知音和支持者。他十年的无望的绘画生涯全靠着迪奥在经济上的支撑。迪奥是个小画商，手头并不宽裕，尽管每月给梵·高的钱非常有限，却始终不弃地来做这位用生命祭奠艺术的兄长的后援。这就使梵·高终生被一种歉疚折磨着。他在信中总是不停地向迪奥讲述自己怎样花钱和怎样节省，解释生活中哪些开支必不可少，报告他口袋里可怜巴巴的钱数。他还不断地做出保证，决不会轻易糟蹋掉迪奥用辛苦换来的每一个法郎。如果迪奥寄给他的钱迟了，他会非常为难地诉说自己的窘境。说自己怎样在用一杯又一杯的咖啡，灌满一连空了几天的肚子；说自己连一尺画布也没有了，只能用纸来画速写或水彩。当他被贫困逼到绝境的时候，他会恳求地说："我的好兄弟，快寄钱来吧！"

但每每这个时候，他总要告诉迪奥，尽管他还没有成功，眼下他的画还毫不值钱，但将来一定有一天，他的画可以卖到二百法郎一幅。他说那时"我就不会对吃喝感到过分耻辱，好像有吃喝的权利了"。

他向迪奥保证他会愈画愈好。他不断地把新作寄给迪奥来作为一种"抵债"。他说将来这些画可以使迪奥获得一万法郎。他用这些话鼓舞弟弟，他害怕失去支持，当然他也在给自己打气。因为整个世界没有一个人看上他的画。但今天——特别是商业化的今天，为什么梵·高每一个纸片反倒成了"全人类的财富"？难道商业社会对于文化不是充满了无知与虚伪吗？

故此在他心中，苦苦煎熬着的是一种自我的怀疑。他对自己“去世之后，作品能否被后人欣赏”毫无把握。他甚至否认成功的价值乃至绘画的意义。好像只有否定成功的意义，才能使失落的自己获得一点虚幻的平衡。自我怀疑，乃是一切没有成功的艺术家最深刻的痛苦。他承认自己“曾经给一种不可抗拒的力量挫败过”。在这种时候，他便对迪奥说“我宁愿放弃画画，不愿看着你为我赚钱而伤害自己的身体！”

他一直这样承受着精神与物质的双重的摧残。

可是，在他“面对自然的时候，画画的欲望就会油然而生”。在阳光的照耀下，世界焕发出美丽而颤动的色彩，全都涌入他的眼睛；天地万物勃发的生命激情，令他颤栗不已。这时他会不顾一切地投入绘画，直至挤尽每一支铅管里的油彩。

当他在绘画里，会充满自信，忘乎所以，为所欲为；当他走出绘画回到了现实，就立刻感到茫然，自我怀疑，自我否定。他终日在这两个世界中来来回回地往返。所以他的情绪大起大落。他在这起落中大喜大悲，忽喜忽悲。

从他这大量的“心灵的信件”中，我读到——

他最愿意相信的话是福楼拜说的：“天才就是长期的忍耐。”

他最想喊叫出来的一句话是：“我要作画的权利！”

他最现实的呼声是：“如果我能喝到很浓的肉汤，我的身体马上会好起来！当然，我知道，这种想法很荒唐。”

如果着意地去寻找，会发现这些呼喊如今依旧还在梵·高的画里。

梵·高于 1888 年 12 月 23 日发病后，病情时好时坏，时重时轻，一次次住进医院。这期间他会忽然怀疑有人要毒死他，或者在同人聊天时，端起调颜色的松节油要喝下去；后来他发展到在作画的过程中疯病突然发作。1889 年 5 月他被送进离阿尔一公里的圣雷米精神病院，成了彻头彻尾的精神病人。但就在这时，奇迹出现了。梵·高的绘画竟然突飞猛进。风格迅速形成。然而这奇迹的代价却是一个灵魂的自焚。

他的大脑弥漫着黑色的迷雾。时而露出清明，时而一片混沌。他病态的神经日趋脆弱，乱作一团的神经刚刚出现一点头绪，忽然整个神经系统全部爆裂，乱丝碎絮般漫天狂舞。在贫困、饥饿、孤独和失落之外，他又多了一个恶魔般的敌人——精神分裂。这个敌人巨大，无形，桀暴，骄横，来无影去无踪，更难于对付。他只有抓住每一次发病后的“平静期”来作画。

在他生命最后一年多的时间，他被这种精神错乱折磨得痛不欲生，没有人能够理解。因为真正的理解只能来自自身的体验。癫痫、忧郁、幻觉、狂乱，还有垮掉了一般的深深的疲惫。他几次在“灰心到极点”时都想到了自杀。同时又一直否定自己真正有病来平定自己。后来他发现只有集中精力，在画布上解决种种艺术的问题时，他的精神才会舒服一些。他就拼命并专注地作画。他在阿尔患病期间作画的数量大得惊人。一年多，他画了二百多幅作品。但后来愈来愈频繁的发病，时时中断了他的工作。他在给迪奥的信中描述过：他在画杏花时发病了，但是病好转之后，杏花已经落光。精神病患者最大的痛苦是在清醒过来之后。他害怕再一次发作，害怕即将发作的那种感觉，更害怕失去作画的能力。他努力控制自己“不把狂乱的东西画进画中”。他还说，他已经感受到“生之恐怖”！这“生之恐怖”便是他心灵最早发出的自杀的信号！

然而与之相对的，却是他对艺术的爱！在面对不可遏止的疾病的焦灼中，他说："绘画到底有没有美，有没有用处，这实在令人怀疑。但是怎么办呢？有些人即使精神失常了，却仍然热爱着自然与生活，因为他是画家！""面对一种把我毁掉的、使我害怕的病，我的信仰仍然不会动摇！"

这便是一个神经错乱者最清醒的话。他甚至比我们健康人更清醒和更自觉。

梵·高的最后一年，他的精神的世界已经完全破碎。一如大海，风暴时起，颠簸倾覆，没有多少平稳的陆地了。特别是他出现幻觉的症状之后(1889 年 2 月)，眼中的物象开始扭曲，游走，变形。他的画变化得厉害。一种布满画面蜷曲的线条，都是天地万物运动不已的轮廓。飞舞的天云与树木，全是他内心的狂飙。这种独来独往的精神放纵，使他的画显示出强大的主观性；一下子，他就从印象派画家马奈、莫奈、德加、毕沙罗等等所受的客观的和视觉的约束中解放出来。但这不是理性的自觉，而恰恰是精神病发作之所致。奇怪的是，精神病带来的改变竟是一场艺术上的革命；印象主义一下子跨进它光芒四射的后期。这位精神病患者的画非但没有任何病态，反而迸发出巨大的生命热情与健康的力量。

对于梵·高这位来自社会底层的画家，他一生都在对米勒崇拜备至。米勒对大地耕耘者纯朴的颂歌，唱彻了梵·高整个艺术生涯。他无数次地去画米勒《播种者》那个题材。因为这个题材最本质地揭示着大地生命的缘起。故此，燃起他艺术激情的事物，一直都是阳光里的大自然，朴素的风景，长满庄稼的田地，灿烂的野花，村舍，以及身边寻常和勤苦的百姓们。他一直呼吸着这生活的元气，并将自己的生命与这世界上最根本的生命元素融为一体。

当患病的梵·高的精神陷入极度的亢奋中，这些生命便在他眼前熊熊燃烧起来，飞腾起来，鲜艳夺目，咄咄逼人。这期间使他痴迷并一画再画的丝杉，多么像是一种从大地冒出来的巨大的生命火焰！这不正是他内心一种生命情感的象征么？精神病非但没有毁掉梵·高的艺术，反而将他心中全部能量一起爆发出来。

或者说，精神病毁掉了梵·高本人，却成就了他的艺术。这究竟是一种幸运，还是残酷的毁灭？

令人匪夷所思的是，这种精神病的程度"恰到好处"。他在神志上虽然颠三倒四，但色彩的法则却一点不乱。他对色彩的感觉甚至都是精确之极。这简直不可思议！就像双耳全聋的贝多芬，反而创作出博大、繁复、严谨、壮丽的《第九交响乐》。是谁创造了这种艺术史的奇迹和生命的奇迹？

倘若他病得再重一些，全部陷入疯狂，根本无法作画，美术史便绝不会诞生出梵·高来。倘若他病得轻一些，再清醒和理智一些呢？当然，也不会有现在这个在画布上电闪雷鸣的梵·高了。

他叫我们想起，大地震中心孤零零竖立的一根电杆，核爆炸废墟中唯一矗立的一幢房子。当他整个神经系统损毁了，唯有那根艺术的神经却依然故我。

这一切，到底是生命与艺术共同的偶然，还是天才的必然？

1890年5月梵·高到达巴黎北郊的奥维尔。在他生命最后的两个月里,他贫病交加,一步步走向彻底的混乱与绝望。他这期间所画的《奥维尔的教堂》《有杉树的道路》《蒙塞尔的茅屋》等等,已经完全是精神病患者眼中的世界。一切都在裂变、躁动、飞旋与不宁。但这种听凭病魔的放肆,却使他的绘画达到绝对的主观和任性。我们健康人的思维总要受客观制约,精神病患者的思维则完全是主观的。于是他绝世的才华,刚劲与烈性的性格,艺术的天性,得到了最极致的宣泄。一切先贤偶像、艺术典范、惯性经验,全都不复存在。人类的一切创造都是对自己的约束。但现在没有了!面对画布,只有一个彻底的自由与本性的自己。看看《奥维尔乡村街道》的天空上那些蓝色的短促的笔触,还有《蓝天白云》那些浓烈的、厚厚的、挥霍着的油彩,就会知道,梵·高最后涂抹在画布上的全是生命的血肉。唯其如此,才能具有这样永恒的震撼。

这是一个真正的疯子的作品。也是旷古罕见的天才的杰作。

除了他,没有任何一个精神病患者能够这样健康地作画;除了他,没有任何一个艺术家能够拥有这样绝对的非常态的自由。

我们从他最后一幅油画《麦田群鸦》,已经看到他的绝境。大地乌云的倾压下,恐惧、压抑、惊栗,预示着灾难的风暴即将到来。三条道路伸往三个方向,道路的尽头全是一片迷茫与阴森。这是他生命中最后一幅逼真而可怕的写照,也是他留给世人一份刺目的图像的遗书。他给弟弟迪奥的最后一封信中说:“我以生命为赌注作画。为了它,我已经丧失了正常人的理智。”在精疲力竭之后，他终于向狂乱的病魔垂下头来，放下了画笔。

1890 年 7 月 27 日他站在麦田中开枪自杀。被枪声惊起的“扑喇喇”的鸦群，就是他几天前画《麦田群鸦》时见过的那些黑黑的乌鸦。

随后，他在奥维尔的旅店内流血与疼痛，忍受了整整两天。29 日死去。离开了这个他疯狂热爱却无情抛弃了他的冷冰冰的世界。冰冷而空白的世界。

我先看了看他在奥维尔的那间住房。这是当年奥维尔最廉价的客房，每天租金只有三点五法郎。大约七平米。墙上的裂缝，锈蚀的门环，沉黯的漆墙，依然述说着当年的境况。从坡顶上的一扇天窗只能看到一块半张报纸大小的天空。但我忽然想到《哈姆·雷特》中的一句台词：“即使把我放在火柴盒里，我也是无限空间的主宰者。”

从这小旅舍走出，向南经过奥维尔教堂，再走五百米，便是他的墓地。这片墓地在一片开阔的原野上。使我想到梵·高画了一生的那种浑厚而浩瀚的大地。他至死仍旧守望着这一切生命的本土。墓地外只圈了一道很矮的围墙。三百年来，当奥维尔人的灵魂去往天国之时，都把躯体留在这里。梵·高的坟茔就在北墙的墙根。弟弟迪奥的坟墓与他并排。大小相同，墓碑也完全一样，都是一块方形的灰色的石板，顶端拱为半圆。上边极其简单地刻着他们的姓名与生卒年月。没有任何雕饰，一如生命本身。迪奥是在梵·高去世后半年死去的。他生前身后一直陪伴这个兄长。他一定是担心他的兄长在天国也难于被理解，才匆匆跟随而去。

一片浓绿的常春藤像一块厚厚的毯子，把他俩的坟墓严严实实遮盖着。岁月已久，两块墓碑全都苔痕斑驳。唯一不同的是梵·高的碑前总会有一束麦子，或几朵鲜黄的向日葵。那是来自世界各地的人们献上去的。但没有人会捧来艳丽而名贵的花朵。梵·高的敬仰者们都知道他生命的特殊而非凡的含义，他生命的本质及其色彩。

梵·高的一生，充满世俗意义上的“失败”。他名利皆空，情爱亦无，贫困交加，受尽冷遇与摧残。在生命最后的两年，他与巨大而暴戾的病魔苦苦搏斗，拼死为人间换来了艺术的崇高与辉煌。

如果说梵·高的奇迹，是天才加上精神病；那么，梵·高至高无上的价值，是他无与伦比的艺术和为艺术而殉道的伟大的一生。

真正的伟大的艺术，都是作品加上他全部的生命。

剪纸与安徒生

世界上只有一个国家以作家为标志，这就是安徒生的丹麦——丹麦的安徒生。

这由于安徒生的童话世人皆知。或许有人说丹麦不光一个安徒生，还有美人鱼呢，但美人鱼也来自安徒生一个深切动人的爱情故事《海的女儿》。

与童话紧紧连在一起的国家是无限美好和充满魅力的。它叫人联想到纯洁、无邪、真率与童心。从人的“根”上影响人的还是童话，安徒生是影响着全人类的作家。所以丹麦人以他们的安徒生为荣，在这个国家几乎处处可以看到安徒生童话中的人物和他的自画像，还有一种用纸剪成的类似太阳神的头像——这是安徒生剪纸作品的标志，名叫太阳头。

剪纸对于中国人来说毫不陌生。它为人们喜闻乐见。人们拿它自娱自乐，多用红纸来剪，象征着喜庆。在许多地区的村落里几乎人人擅长。我国的剪纸用途广泛，题材丰富，技艺精湛，已被列入了世界文化遗产。

在欧洲也有剪纸，但与中国不同，通常称作剪影，主要是剪取人物侧面背光的影像，所以多用黑色的纸。欧洲的剪影追求逼真，虽然不剪眼睛，只是一个侧影，也能惟妙惟肖。我曾在巴黎塞纳河边，花五个欧元请一位街头剪影艺人为我剪头像。

他取一片小小黑纸，手执银色小剪，站在我的一侧，边看我边剪，如画家画肖像，黑纸片在他剪刀间转来转去，须臾间即完成，笑嘻嘻递给我，竟连我也觉得酷似于我。

然而，安徒生不全是这种传统的欧洲剪影，有些很像中国的剪纸。在他的故乡欧登塞的故居博物馆里，我见到他的一些剪纸作品，看上去很像我国北方赫哲族和满族信仰类的剪纸，生动、随性、纯朴，形象还有些怪异，但这些形象并非神像，而是安徒生脑袋里蹦来蹦去的童话人物。

安徒生对剪纸之爱到痴迷地步。他用来剪纸的剪子，剪刀较长，剪尖很尖，剪把是一对套指的铁圈，很像医生用的手术剪。他爱好旅游，出行时多半要把剪刀带在身上，以致曾经不小心被剪尖扎伤。

然而，剪纸并非只是他的一种艺术爱好，而是他童话的一部分。他常常在给孩子们讲童话时，一边讲一边剪纸。我国陕西、山西、河南和内蒙古等一些地方也是这样——边说边剪，随心所欲。

他剪纸是即兴的，讲的故事也常常是兴之所至，任意发挥；有时他用剪子把口中故事里的人物剪出来，有时他受到剪纸形象的启发，故事再讲下去就更生动更紧张更有趣。他让这些剪纸形象有声有色有个性有命运。这时，他的剪纸与童话的创作便浑然成为一体了。

依我看，安徒生的剪纸通常是把一张纸左右对折起来再剪，他只剪形象一边的轮廓，打开就是一个完整的形象；剪出一只眼，打开就是一双眼；所以他剪纸的形象大都是对称的。

有时他先把纸左右对折，再上下对折，进而又对角一折，剪出的图案上下左右相互呼应，十分丰富与热闹。记得我上小

你要有想象力和绘画意识，
画就出现了；
你要是天才，
就会有一幅天才的画。

学时有手工课,学过这样的剪纸,把纸横竖折好,再剪出各种尖的、半圆的、菱形的花样,最后打开一看,会出现意想不到的一个十分美丽的图案。

安徒生为了叫孩子们感兴趣,所剪的形象大都是夸张的、变形的、有表情的,无论是厨娘、魔鬼、小丑、舞者、牧师、巫婆、海盗、皇后,还是天鹅、城堡、风车、磨坊、禽鸟、昆虫、花草等等,全都是可爱逗趣,神气活现。因为,这些形象都是在安徒生讲故事时出现的,所以个个会笑会哭会说话。我想,当他最后把剪成的纸一打开,一准让在场的孩子惊喜万状。

安徒生启示我们,最生动的童话都是想象出来而不是趴在桌上写出来的。

俄罗斯作家契诃夫一次对他的女弟子阿维洛娃说:“你递给我一只茶杯,我马上就用茶杯写出一篇小说。”接着他说了关于小说写作的一句“伟大的话”。他说:“小说是想出来而不是写出来的。”

安徒生也说过类似的话:“你在纸上点一滴墨水,把纸叠起来,朝四面挤压,就会出现某种图形。你要有想象力和绘画意识,画就出现了;你要是天才,就会有一幅天才的画。”

想象不是凭空的,有时要借助一些由头。

对于有艺术想象潜质的人,想象往往需要诱发,一种意想不到的刺激与启动。比方安徒生,这诱发常常来自剪纸。在对折和多折的纸上可以剪出意想不到的效果。你剪一双大眼睛,没想到打开后这双眼睛在哭;你剪一颗心,打开之后竟然在一个人身上出现两颗心;你在一个半圆的形体下边剪几条曲线,以为是太阳,打开后变成了一条傻乎乎游动的章鱼了。剪纸是可视的形象艺术,它可以直接唤起形象的联想。

尽管童话是用写作完成的，但构思与灵感却常常来自他的剪纸。所以，安徒生说自己“剪纸是写作的开始”。

这是我以前不知道的。我原先只把剪纸作为他的一种爱好。现在才明白，剪纸是他童话创作的一部分。当然他不是写作才剪纸，但剪纸唤起了他创作前期最重要的精神活动——想象。

有人说，安徒生一生留下的剪纸约一千幅。这显然不是他实际剪纸的数量。他生前剪纸都是随意、随性和随时的，不会刻意去保存；再说纸张日久变脆，难以珍藏，因此说，他剪过的剪纸至少还要多几十倍。如今，我们从他留下的剪纸上已经辨认不出哪个是“卖火柴的小女孩”，哪个是穿“新衣”的皇帝，也许其中不少剪纸故事没有写出来过，但安徒生的剪纸无疑是他文学世界与童话天地不能或缺的极重要的一部分。

安徒生真是一个独一无二的作家。

古希腊的石头

每到一个新地方，首先要去当地的博物馆。只要在那里边呆上半天或一天，很快就会与这个地方“神交”上了。故此，在到达雅典的第二天一早，我便一头扎进举世闻名的希腊国家考古博物馆。

我在那些欧洲史上最伟大的雕像中间走来走去，只觉得我的眼睛——被那个比传说还神奇的英雄时代所特有的光芒照得发亮。同时，我还发现所有雕像的眼睛都睁得很大，眉清目朗，比我的眼睛更亮！我们好像互相瞪着眼，彼此相望。尤其是来自克里特岛那些壁画上人物的眼睛，简直像打开的灯！直叫我看得神采焕发！在艺术史上，阳刚时代艺术中人物的眼睛，总是炯炯有神；阴暗时期艺术中人物的眼睛，多半暧昧不明。当然，“文革”美术除外，因为那个极度亢奋时代的人们全都注射了一种病态的政治激素。

我承认，希腊人的文化很对我的胃口。我喜欢他们这些刻在石头上的历史与艺术。由于石头上的文化保留得最久，所以无论是希腊人，还是埃及人、玛雅人、巴比伦人以及我们中国人，在初始时期，都把文化刻在坚硬的石头上。这些深深刻进石头里的文字与图像，顽强又坚韧地表达着人类对生命永恒的追求，以及把自己的一切传之后世的渴望。

然而，永恒是达不到的。永恒只是很长很长的时间而已。古希腊人已经在这时间旅程中走了三四千年。证实这三四千年的仍然是这些文化的石头。可是如今我们看到了，石头并非坚不可摧。世界上没有任何东西可以把人带到永远。在岁月的翻滚中，古希腊人的石头已经满是裂痕与缺口，有的只剩下一些残块和断片。

在博物馆的一个展厅，我看到一截石雕的男子的左臂。虽然只是这么一段残臂，却依然紧握拳头，昂然地向上弯曲着，皮肤下面的血管膨膨鼓胀，脉搏在这石臂中有力地跳动。我们无法看见这手臂连接着的雄伟的身躯，但完全可以想见这位男子英雄般的形象。一件古物背后是一片广阔的历史风景。历史并不因为它的残缺而缺少什么。残缺，却表现着它的经历，它的命运，它的年龄，还有一种岁月感。岁月感就是时间感。当事物在无形的时间历史中穿过，它便被一点点地消损与改造，因而变得古旧、龟裂、剥落与含混，同时也就沉静、苍劲、深厚、斑驳和朦胧起来。

于是一种美出现了。

这便是古物的历史美。历史美是时间创造的。所以它又是一种时间美。我们通常是看不见时间的。但如果你留意，便会发现时间原来就停留在所有古老的事物上。比如那深幽的树洞，凹陷的老街，泛黄的旧书，磨光的椅子，手背上布满的沟样的皱纹，还有晶莹而飘逸的银发……它们不是全都带着岁月和时间深情的美感吗？

这也是一种文化美。因为古老的文化都具有悠远的时间的意味。

时间在每一件古物的体内全留下了美丽的生命的年轮，

不信你掰开看一看！

凡是懂得这一层美感的，就绝不会去将古物翻新，甚至做更愚蠢的事——复原。

站在雅典卫城上，我发现对面远远的一座绿色的小山顶上，爽眼地竖立着一座白色的石碑。碑上隐隐约约坐着一两尊雕像。我用力盯着看，竟然很像是佛像！我一直对古希腊与东方之间雕塑史上那段奇缘抱有兴趣，便兴冲冲走下卫城，跟着爬上了对面那座名叫阿雷奥斯·帕果斯的草木葱茏的小山。

山顶的石碑是一座高大的雕着神像的纪念碑。由于历时久远，一半已然缺失。石碑上层的三尊神像，只剩下两尊，都已经失去了头颅，可是他们依然气宇轩昂地坐在深凹的洞窟里。这时，使我惊讶的是，它竟比我刚才在几公里之外看到的更像是两尊佛像。无论是它的窟形，还是从座椅垂落下来的衣裙，乃至雕刻的衣纹，都与敦煌和云岗中那些北魏与西魏的佛像酷似！如果我们将两个佛头安装上去，也会十分和谐的！于是，它叫我神驰万里，一下子感到世纪前丝绸之路上那段早已逝去的令人神往的历史——从亚历山大东征到希腊人在犍陀罗为原本没有偶像崇拜的印度人雕刻佛像，再到佛教东渐与中国化的历史——陡然地掉转过头，五彩缤纷地扑面而来。

原来时间隧道就在希腊人的石头中间！在这隧道里，我似乎已经触摸到消失了数千年的那一段时光了。这时光的触觉，光滑、柔软、流动，还有一些神秘的凹凸的历史轮廓。我静静坐在山顶一块山石上，默默享受着这种奇异和美妙的感受，直到夕阳把整个石碑染得金红，仿佛一块烧透了的熔岩。

由此，我找到了逼真地进入希腊历史的秘密。

我便到处去寻访古老的文化的石头。从那一片片石头的遗址中找到时光隧道的入口，钻进去。

然而，我发现希腊到处全是这种石头。希腊人说他们最得意的三样东西就是：阳光、海水和石头。从德尔菲的太阳神庙到苏纽的海神庙，从埃皮达洛夫洛斯的露天剧场到迈锡尼的损毁的城堡，它们简直全是巨大的石头的世界。可是这些石头早已经老了。它们残缺和发黑，成片地散布在宽展的山坡或起伏的丘陵上。数千年前，它们曾是堆满财富的王城、聆听神谕的圣坛或人间英雄们竞技的场所。但历史总是喜新厌旧的。被时光壁的筛子筛下来只有这些破碎的房宇，残垣败壁，断碑，兀自竖立的石柱，东一个西一个的柱头或柱础。

尽管无情的历史遗弃它，有心的希腊人却无比珍惜它。他们保护这些遗址的方式在我们看来十分奇特。他们绝不去动一动历史遁去之后的“现场”。一棵石柱在一千年前倒在哪里，今天绝不去把它扶立起来，因为这是历史的本来面目。尊重历史就是不更改历史。当然他们又不是对这些先人的创造不理不管。常常会有一些“文物医生”拿着针管来，为一些正在开裂的石头注射加固剂，或者定期清洗现代工业造成的酸雨给这些石头带来的污迹。他们做得小心翼翼。好像这些石头在他们手中依然是活着的需要呵护的生命。

他们使我们认识到，每一块看似冰冷的古老的石头，其实并没有死亡，它们犹然带着昔时的气息。它们各自不同的形态都是历史的表情，石头上的残痕则是它们命运的印记与年龄的刻度。认识到这些，便会感到我们已身在历史中间。如果你从中发现到一个非同寻常的细节，那就极有可能是神奇的时间隧道的洞口了。

迈锡尼遗址给人的感受真是一种震撼。这座三千多年前用巨石砌成的城堡,如今已是坍塌在山野上的一片废墟。被时光磨砺得分外粗糙的巨大的石块与齐腰的荒草混在一起。然而,正是这种历史的原生态,才确切地保留着它最后毁灭于战火时惊人的景象。如果细心察看,仍然可以从中清晰地找到古堡的布局、不同功能的房舍与纵横的甬道。1876年德国天才的考古学家谢里曼就是从这里找到了一个时光隧道的入口,从隧道里搬出了伟大的荷马说过的那些黄金财宝和精美绝伦的“迈锡尼文化”——他实际是活龙活现地搬出来古希腊一段早已泯灭了的历史。谢里曼说,在发掘出这些震惊世界的迈锡尼宝藏的当夜,他在这荒凉的遗址上点起篝火。他说这是2244年以来的第一次火光。这使他想起当年阿伽门农王夜里回到迈锡尼时，王后克莉登奈斯特拉和她的情夫伊吉吐斯战战兢兢看到的火光。这跳动的火光照亮了一对狂恋中的情人眼睛里的惊恐与杀机。

今天,入夜后如果我们在遗址点上篝火,一样可以看到古希腊这惊人的一幕；我们的想象还会进入那场以情杀为背景的毁灭性的内战中去。因为，迈锡尼遗址一切都是原封不动的。时光隧道还在那些石头中间。于是我想,如果把迈锡尼交给我们——我们是不是要把迈锡尼散乱的石头好好“整顿”一番,摆放得整整齐齐;再将倾毁的城墙重新砌起来;甚至突发奇想,像大声呼喊着“修复圆明园”一样,把迈锡尼复原一新。如若这样,历史的魂灵就会一下子逃离而去。

珍视历史就是保护它的原貌与原状。这是希腊人给我们的启示。

那一天,天气分外好。我们驱车去苏纽的海神庙。车子开出雅典,一路沿着爱琴海,跑了三个小时。右边的车窗上始终是一片纯蓝,像是电视屏幕的蓝卡。

海神庙真像在天涯海角。它高踞在一块伸向海里的险峻的断崖上。看似三面环海,视野非常开阔。这视野就是海神的视野。而希腊的海神波塞冬就同中国人的海神妈祖一样,护佑着渔舟与商船的平安。但不同的是,波塞冬还有一个使命是要庇护战船。因为波斯人与希腊人在海上的争雄,一直贯穿着这个英雄国度的全部历史。

可是,这座世纪前的古庙,现今只有石头的庙基和两三排光秃秃的多里克石柱了。石柱上深深的沟槽快要被时光磨平。还有一些断柱和建筑构件的碎块,分散在这崖顶的平台上,依旧是没人把它们"规范"起来。没有一个希腊人敢于胆大包天地修改历史。这些质地较软的大理石残件,经受着两千多年的阵阵海风的吹来吹去,正在一点点变短变小,有几块竟然差不多要湮没在地面中了;一些石头表面还像流质一样起伏。这是海风在上边不停地翻卷的结果。可就是这样一种景象,使得分外强烈的历史感一下子把我包围起来。

纯蓝的爱琴海浩无际涯, 海上没有一只船, 天上没有鹰鸟,也没有飞机。无风的世界了无声息,只有明媚的阳光照耀着古希腊这些苍老而洁白的石头。天地间,也只有这些石头能够解释此地非凡的过去。甚至叫我想起爱琴海的名字来源于爱琴王——那个悲痛欲绝的故事。爱琴王没有等到出征的王子乘着白色的帆船回来,他绝望地跳进了大海。这大海是不是在那一瞬变成这样深浓而清冷的蓝色? 爱琴王如今还在海底吗? 他到底身在哪里? 在远处那一片闪着波光的"酒绿色的海心"吗?

等我走下断崖时,忽然发现一间专门为游客服务的商店,它故意盖在侧下方的隐蔽处。在海神庙所在的崖顶的任何地方,都是绝对看不见这家商店的。当然,这是希腊人刻意做的。他们绝对不让我们的视野受到任何现代事物的干扰,为此,历史的空间受到了绝对与纯正的保护!

我由衷的钦佩希腊人!

希腊人告诉我们,保护古代文明遗产,需要的是对历史的深刻理解与崇拜，科学的方法，优雅的美感和高尚的文化品位。因为历史文明是一种很高的意境。

创造古希腊的是历史文明,珍惜古希腊的是现代文明。而懂得怎样珍惜它,才是一种很高层次的文明。

泥人张

手艺道上的人,捏泥人的"泥人张"排第一。而且,有第一,没第二,第三差着十万八千里。

泥人张大名叫张明山。咸丰年间常去的地方有两处。一是东北城角的戏院大观楼, 一是北关口的饭馆天庆馆。坐在那儿,为了瞧各样的人,也为捏各样的人。去大观楼要看戏台上的各种角色,去天庆馆要看人世间的各种角色。这后一种的样儿更多。

那天下雨,他一个人坐在天庆馆里饮酒,一边留神四下里吃客们的模样。这当儿,打外边进来三个人。中间一位穿得阔绰,大脑袋,中溜个子,挺着肚子,架式挺牛,横冲直撞往里走。站在迎门桌子上的"摞高的"一瞅,赶紧吆喝着:"益照临的张五爷可是稀客,贵客,张五爷这儿总共三位——里边请!"

一听这喊话,吃饭的人都停住嘴巴,甚至放下筷子瞧瞧这位大名鼎鼎的张五爷。当下,城里城外气最冲的要算这位靠着贩盐赚下金山的张锦文。他当年由于为盛京将军海仁卖过命,被海大人收为义子,排行老五。所以又有"海张五"一称。但人家当面叫他张五爷,背后叫他海张五。天津卫是做买卖的地界儿,谁有钱谁横,官儿也怵三分。

可是手艺人除外,手艺人靠手吃饭,求谁?怵谁?故此,泥人张只管饮酒，吃菜，西瞧东看，全然没有把海张五当个人物。

但是不会儿，就听海张五那边议论起他来。有个细嗓门的说：“人家台下一边看戏，一边手在袖子里捏泥人。捏完拿出来一瞧，台上的嘛样，他捏的嘛样。”跟着就是海张五的大粗嗓门说：“在哪儿捏？在袖子里捏？在裤裆里捏吧！”随后一阵笑，拿泥人张找乐子。

这些话天庆馆里的人全都听见了。人们等着瞧艺高胆大的泥人张怎么“回报”海张五。一个泥团儿砍过去？

只见人家泥人张听赛[①]没听，左手伸到桌子下边，打鞋底抠下一块泥巴。右手依然端杯饮酒，眼睛也只瞅着桌上的酒菜，这左手便摆弄起这团泥巴来；几个手指飞快捏弄，比变戏法的刘秃子的手还灵巧。海张五那边还在不停地找乐子，泥人张这边肯定把那些话在他手里这团泥上全找回来了。随后手一停，他把这泥团往桌上“叭”地一戳，起身去柜台结账。

吃饭的人伸脖一瞧，这泥人张真捏绝了！就赛把海张五的脑袋割下来放在桌上一般。瓢似的脑袋，小鼓眼，一脸狂气，比海张五还像海张五。只是只有核桃大小。

海张五在那边，隔着两丈远就看出捏的是他。他朝着正走出门的泥人张的背影叫道：“这破手艺也想赚钱，贱卖都没人要。”

泥人张头都没回，撑开伞走了。但天津卫的事没有这样完的——

第二天，北门外估衣街的几个小杂货摊上，摆出来一排排海张五这个泥像，还加了个身子，大模大样坐在那里。而且是

① 天津地方土语，有“好像”或“似”之意。

翻模子扣的,成批生产,足有一二百个。摊上还都贴着个白纸条,上边使墨笔写着:

贱卖海张五

估衣街上来来往往的人,谁看谁乐。乐完找熟人来看,再一块乐。

三天后,海张五派人花了大价钱,才把这些泥人全买走,据说连泥模子也买走了。泥人是没了,可“贱卖海张五”这事却传了一百多年,直到今儿个。

刷子李

码头上的人,全是硬碰硬。手艺人靠的是手,手上就必得有绝活。有绝活的,吃荤,亮堂,站在大街中央;没能耐的,吃素,发蔫,靠边呆着。这一套可不是谁家定的,它地地道道是码头上的一种活法。自来唱大戏的,都讲究闯天津码头。天津人迷戏也懂戏,眼刁耳尖,褒贬分明。戏唱得好,下边叫好捧场,像见到皇上,不少名角便打天津唱红唱紫、大红大紫;可要是稀松平常,要哪没哪,戏唱砸了,下边一准起哄喝倒彩,弄不好茶碗扔上去,茶叶沫子沾满戏袍和胡须上。天下看戏,哪儿也没天津倒好叫得厉害。您别说不好,这一来也就练出不少能人来。各行各业,全有几个本领齐天的活神仙。刻砖刘、泥人张、风筝魏、机器王、刷子李等等。天津人好把这种人的姓,和他们拿手擅长的行当连在一起称呼。叫长了,名字反没人知道。只有这一个绰号,在码头上响当当和当当响。

刷子李是河北大街一家营造厂的师傅。专干粉刷一行,别的不干。他要是给您刷好一间屋子,屋里任嘛甭放,单坐着,就赛升天一般美。最叫人叫绝的是,他刷浆时必穿一身黑,干完活,身上绝没有一个白点。别不信!他还给自己立下一个规矩,只要身上有白点,白刷不要钱。倘若没这本事,他不早饿成干儿了?

但这是传说。人信也不会全信。行外的没见过的不信，行内的生气愣说不信。

一年的一天，刷子李收个徒弟叫曹小三。当徒弟的开头都是端茶、点烟、跟在屁股后边提东西。曹小三当然早就听说过师傅那手绝活，一直半信半疑，这回非要亲眼瞧瞧。

那天，头一次跟师傅出去干活，到英租界镇南道给李善人新造的洋房刷浆。到了那儿，刷子李跟管事的人一谈，才知道师傅派头十足。照他的规矩一天只刷一间屋子。这洋楼大小九间屋，得刷九天。干活前，他把随身带的一个四四方方的小包袱打开，果然一身黑衣黑裤，一双黑布鞋。穿上这身黑，就赛跟地上一桶白浆较上了劲。

一间屋子，一个屋顶四面墙，先刷屋顶后刷墙。顶子尤其难刷，蘸了稀溜溜粉浆的板刷往上一举，谁能一滴不掉？一掉准掉在身上。可刷子李一举刷子，就赛没有蘸浆。但刷子划过屋顶，立时匀匀实实一道白，白得透亮，白得清爽。有人说这蘸浆的手法有高招，有人说这调浆的配料有秘方。曹小三哪里看得出来？只见师傅的手臂悠然摆来，悠然摆去，好赛伴着鼓点，和着琴音，每一摆刷，那长长的带浆的毛刷便在墙面“啪”地清脆一响，极是好听。啪啪声里，一道道浆，衔接得天衣无缝，刷过去的墙面，真好比平平整整打开一面雪白的屏障。可是曹小三最关心的还是刷子李身上到底有没有白点？

刷子李干活还有个规矩。每刷完一面墙，必得在凳子上坐一大会儿，抽一袋烟，喝一碗茶，再刷下一面墙。此刻，曹小三借着给师傅倒水点烟的机会，拿目光仔细搜索刷子李的全身。每一面墙刷完，他搜索一遍。居然连一个芝麻大小的粉点也没发现。他真觉得这身黑色的衣服有种神圣不可侵犯的威严。

可是，当刷子李刷完最后一面墙，坐下来，曹小三给他点烟时，竟然瞧见刷子李裤子上出现一个白点，黄豆大小。黑中白，比白中黑更扎眼。完了！师傅露馅了，他不是神仙，往日传说中那如山般的形象轰然倒去。但他怕师父难堪，不敢说，也不敢看，可忍不住还要扫一眼。

这时候，刷子李忽然朝他说话：

“小三，你瞧见我裤子上的白点了吧。你以为师傅的能耐有假，名气有诈，是吧。傻小子，你再细瞧瞧吧——”

说着，刷子李手指捏着裤子轻轻往上一提，那白点即刻没了，再一松手，白点又出现，奇了！他凑上脸用神再瞧，那白点原是一个小洞！刚才抽烟时不小心烧的。里边的白衬裤打小洞透出来，看上去就跟粉浆落上去的白点一模一样！

刷子李看着曹小三发怔发傻的模样，笑道：

“你以为人家的名气全是虚的？那你在骗自己。好好学本事吧！”

曹小三学徒头一天，见到听到学到的，恐怕别人一辈子也未准明白呢！

苏七块

苏大夫本名苏金散，民国初年在小白楼一带，开所行医，正骨拿环，天津卫挂头牌，连洋人赛马，折胳膊断腿，也来求他。

他人高袍长，手瘦有劲，五十开外，红唇皓齿，眸子赛灯，下巴颏儿一绺山羊须，浸了油赛的乌黑锃亮。张口说话，声音打胸腔出来，带着丹田气，远近一样响，要是当年入班学戏，保准是金少山[①]的冤家对头。他手下动作更是“干净麻利快”，逢到有人伤筋断骨找他来，他呢？手指一触，隔皮截肉，里头怎么回事，立时心明眼亮。忽然双手赛一对白鸟，上下翻飞，疾如闪电，只听“咔嚓咔嚓”，不等病人觉疼，断骨头就接上了。贴块膏药，上了夹板，病人回去自好。倘若再来，一准是鞠大躬谢大恩送大匾来了。

人有了能耐，脾气准各色。苏大夫有个各色的规矩，凡来瞧病，无论贫富亲疏，必得先拿七块银元码在台子上，他才肯瞧病，否则决不搭理。这叫嘛规矩？他就这规矩！人家骂他认钱不认人，能耐就值七块，因故得个挨贬的绰号叫做：苏七块。当面称他苏大夫，背后叫他苏七块，谁也不知他的大名苏金散了。

---

① 金少山（1890—1948），著名京剧净行演员，也是世所公认的京剧花脸首席代表，代表剧目有《铡美案》等。

苏大夫好打牌,一日闲着,两位牌友来玩,三缺一,便把街北不远的牙医华大夫请来,凑上一桌。玩得正来神儿,忽然三轮车夫张四闯进来,往门上一靠,右手托着左胳膊肘,脑袋瓜淌汗,脖子周围的小褂湿了一圈,显然摔坏胳膊,疼得够劲。可三轮车夫都是赚一天吃一天,哪拿得出七块银元?他说先欠着苏大夫,过后准还,说话时还哼哟哼哟叫疼。谁料苏大夫听赛没听,照样摸牌看牌算牌打牌,或喜或忧或惊或装作不惊,脑子全在牌桌上。一位牌友看不过去,使手指指门外,苏大夫眼睛仍不离牌。"苏七块"这绰号就表现得斩钉截铁了。

牙医华大夫出名的心善,他推说去撒尿,离开牌桌走到后院,钻出后门,绕到前街,远远把靠在门边的张四悄悄招呼过来,打怀里摸出七块银元给了他。不等张四感激,转身打原道返回,进屋坐回牌桌,若无其事地接着打牌。

过一会儿,张四歪歪扭扭走进屋,把七块银元"哗"地往台子上一码。这下比按铃还快,苏大夫已然站在张四面前,挽起袖子,把张四的胳膊放在台子上,捏几下骨头,跟手左拉右推,下顶上压。张四抽肩缩颈闭眼龇牙,预备重重挨几下,苏大夫却说:"接上了。"当下便涂上药膏,夹上夹板,还给张四几包活血止疼口服的药面子。张四说他再没钱付药款,苏大夫只说了句:"这药我送了。"便回到牌桌旁。

今儿的牌各有输赢,更是没完没了,直到点灯时分,肚子空得直叫,大家才散。临出门时,苏大夫伸出瘦手,拦住华大夫,留他有事。待那二位牌友走后,他打自己座位前那堆银元里取出七块,往华大夫手心一放。在华大夫惊愕中说道:

"有句话,还得跟您说。您别以为我这人心地不善,只是我立的这规矩不能改!"

华大夫把这话带回去,琢磨了三天三夜,到底也没琢磨透苏大夫这话里的深意。但他打心眼儿里钦佩苏大夫这事这理这人。

认 牙

治牙的华大夫,医术可谓顶天了。您朝他一张嘴,不用说哪个牙疼、哪个牙酸、哪个牙活动,他往里瞅一眼全知道。他能把真牙修理得赛假牙一样漂亮，也能把假牙做得赛真牙一样得用。他哪来的这么大的能耐,费猜!

华大夫人善、正派、规矩,可有个毛病,便是记性差,记不住人,见过就忘,忘得干干净净。您昨天刚去他的诊所瞧虫子牙,今儿在街头碰上,一打招呼,他不认得您了,您恼不恼？要说他眼神差,他从不戴镜子,可为嘛记性这么差？也是费猜!

后来，华大夫出了一件事，把这两个费猜的问题全解开了。

一天下晌,巡捕房来了两位便衣侦探,进门就问,今儿上午有没有一个黑脸汉子到诊所来？长相是络腮胡子，肿眼泡儿,挨着右嘴角一颗大黑痣。华大夫摇摇头说:“记不得了。”

侦探问:“您一上午看几号？”

华大夫回答:“半天只看六号。”

侦探说:“这就奇了！总共一上午才六个人，怎么会记不住？再说这人的长相,就是在大街上扫一眼,保管也会记一年。告明白你吧,这人上个月在估衣街持枪抢了一家首饰店,是通缉的要犯,您不说,难道跟他有瓜葛？”

华大夫平时没脾气，一听这话登时火起，“啪！”一拍桌子，拔牙的钳子在桌面上蹦得老高。他说：“我华家三代行医，治病救人，从不做违背良心的事。记不得就是记不得！我也明白告诉你们，那祸害人的家伙要给我瞧见，甭你们来找我，我找你们去！”

两位侦探见牙医动怒，龇着白牙，露着牙花，不像装假。他们迟疑片刻，扭身走了。

天冷了的一天，华大夫真的急急慌慌跑到巡捕房来。跑得太急，大褂都裂了。他说那抢首饰店的家伙正在开封道上的“一壶春酒楼”喝酒呢！巡捕闻知马上赶去，居然把这黑脸巨匪捉拿归案了。

侦探说：“华大夫，您怎么认出他来的？”

华大夫说：“当时我也在‘一壶春’吃饭，看见这家伙正跟人喝酒。我先认出他嘴角那颗黑痣，这长相是你们告诉我的，可我还不敢断定就是他，天下不会只有一个嘴角长痣的，万万不能弄错！但等到他咧嘴一笑，露出那颗虎牙，这牙我给他看过，记得，没错！我便赶紧报信来了！”

侦探说：“我还是不明白，怎么一看牙就认出来了呢？”

华大夫哈哈大笑，说：“我是治牙的呀，我不认识人，可认识牙呀！”

侦探听罢，惊奇不已。

这事传出去，人们对他那费猜的事就全明白啦。他记不住人，不是毛病，因为他不记人，只记牙；治牙的，把全部心思都使在牙上，医术还能不高？

蓝 眼

古玩行中有对天敌，就是造假画的和看假画的。造假画的，费尽心机，用尽绝招，为的是骗过看假画的那双又尖又刁的眼；看假画的，却凭这双眼识破天机，看破鬼计，捏着这造假的家伙没藏好的尾巴尖儿，打一堆画里把它抻出来，晾在光天化日底下。

这看假画的名叫蓝眼。在锅店街裕成公古玩铺做事，专看画。蓝眼不姓蓝，他姓江，原名在棠，蓝眼是他的外号。天津人好起外号，一为好叫，二为好记。这蓝眼来源于他的近视镜，镜片厚得赛瓶底，颜色发蓝，看上去真赛一双蓝眼。而这蓝眼的关键还是在他的眼上。据说他关灯看画，也能看出真假；话虽有点玄，能耐不掺假。他这蓝眼看画时还真的大有神道——看假画，双眼无神；看真画，一道蓝光。

这天，有个念书打扮的人来到铺子里，手拿一轴画。外边的题签上写着"大涤子湖天春色图"。蓝眼看似没看，他知道这题签上无论写嘛，全不算数，真假还得看画。他刷地一拉，疾如闪电，露出半尺画心。这便是蓝眼出名的"半尺活"，他看画无论大小，只看半尺。是真是假，全拿这半尺画说话，绝不多看一寸一分。蓝眼面对半尺画，眼镜片刷地闪过一道蓝光，他抬起头问来者：

“你打算卖多少钱？”

来者没急着要价，而是说：

“听说西头的黄三爷也临摹过这幅画。”

黄三爷是津门造假画的第一高手。古玩铺里的人全怕他。没想到蓝眼听赛没听，又说一遍：

“我眼里从来没有什么黄三爷。你说你这画打算卖多少钱吧。”

“两条。”来者说。这两条是二十两黄金。

要价不低，也不算太高，两边稍稍地你抬我压，十八两便成交了。

打这天起，津门的古玩铺都说锅店街的裕成公买到一轴大涤子石涛的山水，水墨浅绛，苍润之极，上边还有大段题跋，尤其难得。有人说这件东西是打北京某某王府流落出来的。来卖画的人不大在行，蓝眼却抓个正着。花钱不少，东西更好。这么精的大涤子，十年内天津的古玩行就没现过。那时没有报纸，嘴巴就是媒体，愈说愈神，愈传愈广。接二连三总有人来看画，裕成公都快成了绸缎庄了。

世上的事，说足了这头，便开始说那头。大约事过三个月，开始有人说裕成公那幅大涤子靠不住。初看挺唬人，可看上几遍就稀汤寡水，没了精神。真假画的分别是，真画经得住看，假画受不住瞧。这话传开之后，就有新闻冒出来——有人说这画是西头黄三爷一手造的赝品！这话不是等于拿盆脏水往人家蓝眼的袍子上泼吗？

蓝眼有根，理也不理。愈是不理，传得愈玄。后来就说得有鼻子有眼儿了。说是有人在针市街一个人家里，看到了这轴画的真品。于是，又是接二连三，不间断有人去裕成公古玩铺看画，但这回是想瞧瞧黄三爷用嘛能耐把蓝眼的眼蒙住的。向来看能人栽跟头都最来神儿！

裕成公的老板佟五爷心里有点发毛，便对蓝眼说："我信您的眼力，可我架不住外头的闲话，扰得咱铺子整天乱哄哄的。咱是不是找个人打听打听那画在哪儿。要真有张一模一样的画，就想法把它亮出来，分清楚真假，更显得咱高。"

蓝眼听出来老板没底，可是流言闲语谁也没辙，除非就照老板的话办，真假一齐亮出来。人家在暗处闹，自己在明处赢。

佟老板找来尤小五。尤小五是天津卫的一只地老鼠，到处乱钻，嘛事都能叫拿耳朵摸到。他们派尤小五去打听，转天有了消息。原来还真的另有一幅大涤子，也叫《湖天春色图》，而且真的就在针市街一个姓崔的人家！佟老板和蓝眼都不知道这崔家是谁。佟老板便叫尤小五引着蓝眼去看。蓝眼不能不去，待到了那家一看，眼镜片刷刷闪过两道蓝光，傻了！

真画原来是这幅。铺子里那幅是假造的！这两幅画的大小、成色、画面，全都一样，连图章也是仿刻的。可就是神气不同——瞧，这幅真的是神气！

他当初怎么打的眼，已经全然不知。此时面对这画，真恨不得钻进地里去。他二十年没错看过一幅。他蓝眼简直成了古玩行里的神。他说真必真，说假准假，没人不信。可这回一走眼，传了出去，那可毁了。看真假画这行，看对一辈子全是应该的，看错一幅就一跟头栽到底。

他没出声。回到店铺跟老板讲了实话。裕成公和蓝眼是连在一块的，要栽全栽。佟老板想了一夜。有了主意，决定把崔家那轴大涤子买过来，花大价钱也在所不惜。两幅画都攥在手里，哪真哪假就全由自己说了。但办这事他们决不能露面，便另外花钱请个人，假装买主，跟随尤小五到崔家去买那轴画。谁料人家姓崔的开口就是天价。不然就自己留着不卖了。买东西就怕一边非买，一边非不卖。可是去装买主这人心里有底，因为来时黄老板对他有话："就是砸了我铺子，你也得把画给我买来"。这便一再让步，最后竟花了七条金子才买到手，反比先前买的那轴多花了两倍的钱还多。

待把这轴画拿到裕成公，佟老板舒口大气，虽然心疼钱，却保住了裕成公的牌子。他叫伙计们把两轴画并排挂在墙上，彻底看个心明眼亮。等画挂好，蓝眼上前一瞧，眼镜片刷刷刷闪过三道光。人竟赛根棍子立在那里。天下的怪事就在眼前——原来还是先前那幅是真的，刚买回来的这幅反倒是假的！

真假不放在一起比一比，根本分不出真假——这才是人家造假画的本事，也是最高超的本事！

可是蓝眼长的一双是嘛眼？肚脐眼？

蓝眼差点一口气闭过去。转过三天，他把前前后后的事情捋了一遍，这才明白，原来这一切都有是黄三爷在暗处做的圈套。一步步叫你钻进来。人家真画卖得不吃亏，假画卖得比天高。他忽然想起，最早来卖画的那个书生打扮的人，不是对他说过"黄三爷也临摹过这幅画"吗？人家有话在先，早就说明白这幅画有真有假。再看打了眼怨谁？看来，这位黄三爷不单冲着钱来的，干脆说是冲着自己来的。人家叫你手里攥着真画，再去买他造的假画。多绝！等到他明白了这一层，才算明白到家，认栽到底！打这儿起，蓝眼卷起被袱卷儿离开了裕成公。自此不单天津古玩行没他这号，天津地面也瞧不见了的影子。有人说他得一场大病，从此躺下，再没起来。栽得真是太惨了！

再想想看，他还有更惨的——他败给人家黄三爷，却只见到黄三爷的手笔,人家的面也没叫他见过呢!

所幸的是,他最后总算想到黄三爷的这一手。死得明明白白。

绝 盗

老城区和租界之间那块地，是天津卫最野的地界。人头极杂，邪事横生。二十年代，这里一处临街小屋，来了一对青年男女租房结婚。新床新柜，红壶绿盆，漂漂亮亮装满一屋。大门外两边墙垛子上还贴了一双红喜字。结婚转天一早，小两口就出门做事上班。邻居也不知他们姓甚名谁。

事过三天，小两口去上班不久，忽然打东边飞也似来了一辆拉货的平板三轮。蹬车的是个老头子，骨瘦肉紧，皮黑牙黄，小腿肚子赛两个铁球，一望便知是个长年蹬车的车夫。车板上蹲着两个小子，全是十七八岁，手拿木棍、板斧和麻绳。这爷仨面色都凶，看似来捉冤家。

老头子把车直蹬到那新婚小两口的门前，猛一刹车，车上两小子蹦下来，奔到门前一看，扭头对那老头子说："爹，人不在家，门还锁着呢！"门板上确是挂着一把大洋锁。

老头子登时火冒三丈，眼珠子瞪得全是眼白，脑袋脖子上的青筋直蹦，跳下车大骂起来："这不孝的禽兽，不管爹娘，跑到这儿造他妈宫殿来了。小二、小三，给我把门砸开！"

应声，那两个小子抡起板斧，把门锁砸散。门儿大开，一屋子新房的物品全亮在眼前。老头子一看更怒，手指空屋子，又跳又叫，声大吓人：

“好呵，没心没肺的东西！从小疼你抱你喂你宠你，把你这白眼狼养活成人，如今你娘一身病，请大夫吃药没钱，你一个子儿不给，弄个小妖精藏到这儿享福来，你娘快死啦！你享福？我就叫你享福享福享福！小二、小三！站着干嘛！把屋里东西全给我弄回家去！要敢偏向你们大哥，我就砸折你俩的腿！”

那两个小子七手八脚，把屋里的箱子包袱、被褥衣服抱出来，往车上堆。

邻居们跑出来围观。听这老头子一通骂，才知道那新婚小两口的来历。这种连快死的老娘都不管的白眼狼，自然没人出来管。再说那老头子怒火正旺，人像过年放的火炮，一个劲儿往上蹿，谁拦他，他准和谁玩命！

东西搬得差不多，那两小子说：“爹，大家伙抬不动，怎么办？”

老头子一声惊雷落地：“砸！”

跟手一通乱响，最后玻璃杯子打屋里也扔了出来，这才罢手。老头子依旧怒气难消，吼一句：“明儿见面再说！”便扬长而去。

门儿大敞开没人管，晾了一整天。邻居们远远站着，没人上前，可谁也没离开。等着那小两口回来有戏看。

下晌，新婚的小两口打西边有说有笑地回来。到家门口一看，懵了。过去问邻居，一直站在那里的邻居反而纷纷散开。有位大爷出来说话，显然他对这不尽孝心的年轻人不满，朝新郎说道：

“早上，你爹和你兄弟们来了，是他们干的。你回你爹妈那儿去看看吧！”

新郎一听，更懵，忽然禁不住大声叫道：“我哪还有爹呀！

我三岁时爹就死了，我娘大前年也死了。只一个姐姐嫁到关外去，哪来的兄弟？”

“嘛？”大爷一惊。可早上的事真真切切，一时脑筋没转过来，还是说，“那明明是你爹呀！”

小两口赶紧去局子报案。但案子往下足足查了十年，也没找到他们那个“爹”。

天津卫的盗案千奇百怪，这一桩却数第一。偷盗的居然做了人家的“爹”；被盗的损失财物不说，反当了“儿子”，而且还叫人哑巴吃黄连——有苦说不出来。若是忍不住跟人说了，招不来同情，反叫人取笑，更倒霉。多损，多辣，多绝——多邪！

好嘴杨巴

津门胜地，能人如林，此间出了两位卖茶汤的高手，把这种稀松平常的街头小吃，干得远近闻名。这二位，一位胖黑敦厚，名叫杨七；一位细白精明，人称杨八。杨七杨八，好赛哥俩，其实却无亲无故，不过他俩的爹都姓杨罢了。杨八本名杨巴，由于“巴”与“八”音同，巴的年岁长相又比杨七小，人们便错把他当成杨七的兄弟。不过要说他俩的配合，好比左右手，又非亲兄弟可比。杨七手艺高，只管闷头制作；杨巴口才好，专管外场照应，虽然里里外外只这两人，既是老板又是伙计，闹得却比大买卖还红火。

杨七的手艺好，关键靠两手绝活。

一般茶汤是把秫米面沏好后，捏一撮芝麻撒在浮头，这样做香味只在表面，愈喝愈没味儿。杨七自有高招，他先盛半碗秫米面，便撒上一次芝麻，再盛半碗秫米面，沏好后又撒一次芝麻。这样一直喝到见了碗底都有香味。

他另一手绝活是，芝麻不用整粒的，而是先使铁锅炒过，再拿擀面杖轧碎。轧碎了，里面的香味才能出来。芝麻必得炒得焦黄不糊，不黄不香，太糊便苦；轧碎的芝麻粒还得粗细正好，太粗费嚼，太细也就没嚼头了。这手活儿别人明知道也学不来。手艺人的能耐全在手上，此中道理跟写字画画差不多。

可是，手艺再高，东西再好，拿到生意场上必得靠人吹。三分活，七分说，死人说活了，破货变好货，买卖人的功夫大半在嘴上。到了需要逢场作戏、八面玲珑、看风使舵、左右逢源的时候，就更指着杨巴那张好嘴了。

那次，李鸿章来天津，地方的府县道台费尽心思，究竟拿嘛样的吃喝才能把中堂大人哄得高兴？京城豪门，山珍海味不新鲜，新鲜的反倒是地方风味小吃，可天津卫的小吃太粗太土；熬小鱼刺多，容易卡嗓子；炸麻花梆硬，弄不好硌牙。琢磨三天，难下决断，幸亏知府大人原是地面上走街串巷的人物，嘛都吃过，便举荐出“杨家茶汤”；茶汤黏软香甜，好吃无险，众官员一齐称好，这便是杨巴发迹的缘由了。

这日下晌，李中堂听过本地小曲莲花落子，饶有兴味，满心欢喜，撒泡热尿，身爽腹空，要吃点心。知府大人忙叫“杨七杨八”献上茶汤。今儿，两人自打到这世上来，头次里外全新，青裤青褂，白巾白袜，一双手拿碱面洗得赛脱层皮那样干净。他俩双双将茶汤捧到李中堂面前的桌上，然后一并退后五步，垂手而立，说是听候吩咐，实是请好请赏。

李中堂正要尝尝这津门名品，手指尖将碰碗边，目光一落碗中，眉头忽地一皱，面上顿起阴云，猛然甩手，“啪”地将一碗茶汤打落在地，碎瓷乱飞，茶汤泼了一地，还冒着热气儿。在场众官员吓懵了，杨七和杨巴慌忙跪下，谁也不知中堂大人为嘛犯怒。

当官的一个比一个糊涂，这就透出杨巴的明白。他眨眨眼，立时猜到中堂大人以前没喝过茶汤，不知道撒在浮头的碎芝麻是嘛东西，一准当成不小心掉上去的脏土，要不哪会有这大的火气？可这样，难题就来了——

倘若说这是芝麻，不是脏东西，不等于骂中堂大人孤陋寡闻，没有见识吗？倘若不加解释，不又等于承认给中堂大人吃脏东西？说不说，都是要挨一顿臭揍，然后砸饭碗子。而眼下顶要紧的，是不能叫李中堂开口说那是脏东西。大人说话，不能改口。必须赶紧想辙，抢在前头说。

杨巴的脑筋飞快地一转两转三转，主意来了！只见他脑袋撞地，“咚咚咚”叩得山响，一边叫道：“中堂大人息怒！小人不知道中堂大人不爱吃轧碎的芝麻粒，惹恼了大人。大人不记小人过，饶了小人这次，今后一定痛改前非！”说完又是一阵响头。

李中堂这才明白，刚才茶汤上那些黄渣子不是脏东西，是碎芝麻。明白过后便想，天津卫九河下梢，人性练达，生意场上，心灵嘴巧。这卖茶汤的小子更是机敏过人，居然一眼看出自己错把芝麻当做脏土，而三两句话，既叫自己明白，又给自己面子。这聪明在眼前的府县道台中间是绝没有的，于是对杨巴心生喜欢，便说：

“不知者当无罪！虽然我不喜欢吃碎芝麻（他也顺坡下了），但你的茶汤名满津门，也该嘉奖！来人呀，赏银一百两！”

这一来，叫在场所有人摸不着头脑。茶汤不爱吃，反倒奖巨银，为嘛？傻啦？杨巴趴在地上，一个劲儿地叩头谢恩，心里头却一清二楚全明白。

自此，杨巴在天津城威名大震。那“杨家茶汤”也被人们改称做“杨巴茶汤”了。杨七反倒渐渐埋没，无人知晓。杨巴对此毫不内疚，因为自己成名靠的是自己一张好嘴，李中堂并没有喝茶汤呀！

雕花烟斗

一 老花农

他被这大盆光灿灿的凤尾菊迷住了。

这菊花从一人多高的花架上喷涌而出，闪着一片辉煌夺目的亮点点儿，一直泻到地上，活像一扇艳丽动人的凤尾，一条给舞台的灯光照得烁烁发光的长裙，一道瀑布——一道静止、无声、散着浓香的瀑布，而且无拘无束，仿佛女孩子们洗过的头发，随随便便披散下来。那些缀满花朵的修长的枝条，纷乱地穿插垂落，带着一种山林气息和野味儿；在花的世界里，唯有凤尾菊才有这样奇特的境界。他顶喜欢这种花了。

大自然的美使他拜倒和神往。不知不觉间他一只手习惯地、下意识地从衣兜里掏出一个挺大的核桃木雕花的烟斗，插在嘴角，点上火。才抽了几口，突然意识到花房里不准吸烟，他慌忙想找个地方磕灭烟火，一边四下窥探，看看是否被看花房的人瞧见了。

花房里静悄悄，幸好没有旁人，他暗自庆幸。可就在这时，忽见身旁几张肥大浓绿的美人蕉叶子中间，有一张黑黑的老汉的脸直对着他。这张脸长得相当古怪，竟使他吓了一跳。显然这是看花房的人，不知什么时候在这里的，而且没出一声，好像一直躲在叶子后边监视着他。一双灰色的小眼睛牢牢盯着他嘴上的烟斗。烟斗正冒着烟儿。他刚要上前承认和解释自己的过错，那老汉却出乎他的意料，对他招招手，和气地说：

"没关系，到这边来抽吧！"

他怔了一下，不觉从眼前几片蕉叶下钻过去。老汉转过身引着他走了几步，停住；这便是花房的一角。

这儿，靠墙是张砖砌的土坑，上边的铺盖卷成卷儿，炕上只铺一张苇席；炕旁放着一堆短把儿的尖头锄、长柄剪子、喷水壶、水桶、麻绳和细竹棍之类；炕前潮湿的黄土地扫得干干净净。中间摆一个矮腿的方木桌，只有一尺来高，像炕桌；隔桌相对放两把小椅子——实际上是凳子，不过有个小靠背，像幼儿园孩子们用的那种小椅子。桌椅没有涂漆，光光的木腿从地上吸了水分，都有半截的湿痕。桌面上摊开一张旧报纸，晾着几片蕉黄的烟叶子……看来，这看花房的老汉，还是个收拾花的老花农呢！以前他来过这里几次，印象中似乎有这么个人，但从未注意过。

"您自管抽吧，这儿透气。"

老花农指指床上边一扇打开的小玻璃窗说；并请他坐下，斟了一碗热水，居然还恭恭敬敬放在他面前。使他这个犯了错的人非常不安，也更加不明白老汉为什么如此对待他。

随后，老花农坐在他对面，打腰里拿出一杆小烟袋和一个圆圆的磨得锃亮的洋铁烟盒，打开烟盒盖儿，动手装烟叶。但这双手痉挛似的抖着，装了一阵子才装满。点上火抽起来，也不说话，却不住对他露出笑容，还总去瞟他叼在嘴上的烟斗。他从老花农古怪的脸上，很难看出是何意思。是善意地讥笑他刚才的过失，还是对他表示好感呢？自己能引起别人什么好感来？他百思莫解，老花农却开了口：

“唐先生，您还画画不？”

他怔住了。“您怎么知道我姓唐？还知道我画画？”他问。

“啥？”老花农侧过右耳朵。

他大点声音又说一遍。

老花农两颊上的皱纹全都对称地弯成半圆形的曲线，笑眯眯地说：

“先前，您带学生到这儿来画过花儿，咋不知道。您模样又没变……”

唐先生想了想，才想起这是六十年代中期大革命的狂潮到来之前的事。由于这儿的花开得特别好，他曾带学生们来上写生课，而且是在他喜欢的这凤尾菊盛开的时节。事隔六七年，老花农居然还记得。经历了近几年的骤变，过去的事对于他犹如隔世的事，去之遥远。像他这样一个红极一时的大画家，好比高高悬挂的闪烁辉煌的大吊灯，如今被一棒打落下来，摔得粉粉碎。那些五光十色、光彩照人的玻璃片片，被人踩在脚下，甚至无人顾惜。他落魄了，被人遗忘了，无人问津了。原先整天门庭若市，现在却“门前冷落车马稀”。那些终日缠在他身旁的名流、贵客、记者、编辑、门生、慕名而来的崇拜者，以及附庸风雅的无聊客，一概都不见了。他就像一张盖了戳的邮票，没有用处。而当下，居然被这老汉收集在记忆的册子里。他心里不禁泛起一阵酸楚和温暖的感动的微波。“您居然还记得我，好记性呀！可我，我现在……不常画了。”他因感慨万端，声调低沉下来。

“啥？”老花农又是那样偏过右耳朵。

“不常画了！”

“明白，明白。”老花农像个知心人那样，深有所感似的、会意地点了点头。跟着加重语气说，“不过，还是该画，该画。您画得美，美呀……”

“我？可您并没有见过我的画呀！”他想自己在这儿给学生们上写生课时，并没动手画过。一刹那，他觉得老花农在对自己客套，拉近乎。

“不！”老花农说，“您的画印出过画片，俺见过，画得美呀！”

老花农赞美的语气是由衷的，好像回味起吃过的一条特别美味的鱼似的。看来，这老汉不只是在花房认识自己的，还注意过自己的作品，耳闻过自己的声名。难道在这奇花异卉中间，在这五彩缤纷的花的天地里，隐藏着一个知音吗？好似深山幽谷之间的钟子期？他惊异地望着对方。当他的目光在老花农古怪的脸上转了两转，这些离奇的猜想便都飞跑了——

谁能从这老花农身上、脸上和奇形怪状的五官中间找到聪慧、美和知识的影子呢？瞧，他穿一身皱巴巴的黑裤褂，沾满污痕，膝头和袖口的部分磨得油亮；像老农民那样打着裹腿，脚上套一双棉鞋篓子；面色黧黑，背光的暗部简直黑如锅底。这颜色和黑衣服混成一色；满脸深深的皱纹和衣服的皱褶连成一气。他身子矮墩墩，微微驼背；罗圈腿，明显地向里弯曲。坐在那里，抱成一团，看上去像一个汉代的大黑陶炉，也只有汉代人才有那种奇特的想象，把器物塑造得如此怪异——他的脑门向外凸成一个球儿；球儿下边，便是两条猿人一般隆起的眉骨，眉毛稀少；眼睛小，眼圈发红，眸子发灰，有种上年纪的人褪尽光泽而黯淡的眼神。下半张脸差不多给乱杂杂的短髭全盖上了。那双扇风耳，像假的，或者像唯恐听不清声音而极力挓开。尤其总偏过来的右耳朵，似乎更大一些……就这样一个老汉，给人一种不舒展、执拗和容易固守偏见的感觉，好似一个老山民，一辈子很少出山沟，不开通，没文化，恐怕连自己的名字都不会写；而且岁数大了，耳朵又背，行动迟缓而不灵便。他往烟袋锅里塞烟叶子，一半掉落在外，也不去拾。掉多了，就垂下一只又黑又厚又粗糙的手，连地上的土渣一齐捏起来，按在烟锅里，并不在意。老年的邋遢使他显得有些愚笨。他的话少，恐怕由于语言少。他夸耀唐先生的画时，除了“美，美呀！”之外，好像再没有其他词语了。唐先生很少听人用“美”这个字眼儿来称赞画。这个字眼儿本身就含着很深的内容，尤其是现在从这样一个黑老汉的嘴里说出来，就显得很特别，不和谐，不可思议。这个“美，美呀！”究竟指什么而言，是何内容，难道是对自己的艺术发自内心的一种感受？唐先生心想，或许老汉曾听人说过自己的大名，偶然还见过自己大作的印刷品，碰巧发生了一时兴趣，但仅仅是一种直觉的喜爱，与对艺术的理解无关。这种喜爱即便有理由，也是出于无知和对艺术幼稚的曲解。仿佛我们听鸟叫，觉得婉转动听，但完全不懂鸟儿们说些什么；两只鸟儿对叫，可能在互相生气谩骂，我们却以为它们在亲昵地召唤或对歌……

他俩坐了一阵子。老花农似乎无话可说，默默抽着烟。老花农烟抽得厉害，铜烟嘴一直没离开嘴唇。唐先生呢？也没有更多的话可说。不过，他不再像刚才那样——由于自己犯了花房的规矩而不安和发窘了。心里舒坦，滋滋有味儿地抽着自己的烟斗。可是他发现老花农仍在不时地瞅他嘴上的烟斗。他不明其故。“您来尝尝我的烟斗丝吗？”他问。

“不！”老花农笑眯眯地说。他笑得又和善又难看。“俺是瞧您的烟斗挺特别……”

他的烟斗比一般的大。上边雕着一只肥胖的猫头鹰，栖息在一段粗粗的秃枝上，整个图形是浮雕的，凸出表面；背后是一个线刻的圆圆的大月亮，实际上只是一个大圆圈，却十分洗练；和浮雕的部分形成对比，使画面显得十分别致和新颖。他把烟斗磕灭火，递给老花农。

"这烟斗是我自己刻的。"他说。

老花农接过烟斗，双手摆弄着，目不转睛地瞧着。然后扬起脸对唐先生赞不绝口："美，美，美呀！"那双灰色的小眼睛竟流露出真切的钦慕之情，使他见了，深受感动。这烟斗是他得意的精神产儿呵！但他跟着又坚信，烟斗上那些奇妙的变形和线条的趣味，绝不在老花农的理解之中。此时，他脑袋里还闪过一种对老花农并非善意的猜疑。他疑心老花农对他如此敬重，如此赞美，是看上了他的烟斗，想要这烟斗。他瞅着老花农对这烟斗爱不释手的样子，便说：

"您要是喜欢这烟斗，就送给您吧！"

不料，老花农听了，一怔，脸上的表情变得郑重又严肃，赶忙把烟斗双手捧过来，说：

"不，不，俺要不得，要不得！"

"您拿去玩吧！我家里还有哪！"

"您有是您的。俺不能要！"

老花农一个劲儿地固执地摇脑袋，坚决不肯要。他客气再三，老花农竟有些急了，脸色很难看，黑黑的下巴直打颤，好像被人家误以为自己贪爱他人之物，自尊心受不了似的。他激动得站起身，把烟斗用力塞回到唐先生的手掌里。唐先生只得作罢，将烟斗装上烟丝，重新插在嘴角，点上火。

这样，唐先生对陌生的怪模怪样的老花农的认识便进了一步。除了感动他个性十分固执之外，还感到他很质朴和诚实。对自己的敬重是实心实意的，没有任何利欲的杂质。尽管他依然确信老花农对艺术一窍不通，仅仅出自一种外行的欣赏方式，与自己毫无共同语言。但由于自己长时间受尽歧视，饱尝冷淡和受排斥的苦滋味，在这里所得到的敬重对于他便是十分珍贵的了。尤其这一片单纯、温厚、自然而然的人情，好比野火烧过的荒原上的花儿、寒飙吹过的绿叶那样难得。

从此以后，尽管这花房离他家不算太近，他却常来坐坐。特别是在凤尾菊盛开的时刻。他来，看过花，便和老花农相对而坐。两碗冒着热气儿的开水，两个冒着白烟儿的烟锅。周围是艳丽缤纷花的海洋，静静地吐着芬芳。没有一丝风儿，但可以一阵阵闻到牡丹的浓香，一会儿又有一股兰花的幽馨暗暗飘来。两人的话很少，常常默默地坐到薄暮。窗子还挺亮，花房内已经晦暗，到处是模模糊糊的色块，对面只能见到一个朦胧的人影。这时，老花农完全变成一尊大黑陶炉子。只有在一闪一闪的烟火里，才隐隐闪现出那副古怪的面孔。

从偶然、不多的几句闲谈里，他得知老花农姓范，唐山北边的丰润县人，上几代都是花农；从三十多岁他就来到这属于郊区公社的小花房工作，为市区各机关的会场平添色彩，给许许多多家庭点缀生活的美。他老伴早已病故。有个儿子，在附近的农场修水泵。这间充满阳光、花气和潮湿的泥土气味的小花房便是他的家。除此，再不知道旁的。似乎老花农再没有什么可以告诉他的了。两人默然对坐，并不因为无话可说而觉得尴尬，相反，却互相感受到一种满足。至于老花农以什么为满足，他很难知道。但他从老花农凝视着他和他嘴上的烟斗的含笑的目光里，已经明确地察觉到了——老花农难道真的懂得他的艺术，只是不善于表达？不，不！这雕花的烟斗，目前在他生活中、在他精神的天地里的位置，旁人是很难想象得到的。

二 画家

一些巴黎的穷画家，曾经由于买不起画布和颜料，或者被饥肠饿肚折磨得坐卧不宁，就去给酒吧间的墙上画金月亮，换取一点甜酒、酸黄瓜、面包和亚麻布，跑到家，乘肚子里的食物没消化完，赶紧把心中渴望表达出来的美丽的形象涂在画布上。

我们的唐先生则不然。现在，所有的画家都靠边站，又没有课教，呆在家无事可做。他每月十五日可以到画院的财务室领到足够的薪金。天天把肚子塞得鼓鼓的，像实心球；精力有余，时间多得打发不出去。画瘾时时像痒痒虫弄得他浑身难受，但他不敢去摸一摸笔杆。

这是当时我们的文学艺术家共同的苦恼。文坛上拉满带电的铁丝网，画苑里到处布雷；笔杆好像炸弹里的撞针，摆弄不好，就会引来杀身之祸。

时间久了，锡管中粘稠的颜色硬结成粉块，好似昆虫学标本盒里的死蚂蚱，画布被尘埃抹了厚厚的一层；笔筒中长长短短的画笔中间结上了亮闪闪的蛛丝……

他整天无所事事，又很少像从前那样有客来访，无聊得很。他怀念往事，怀念失去的一切，包括那飞黄腾达的岁月里种种出风头和得意的事情。那时，不用他去找，好事会自己跑上门来，还是请求他接受。如今却只有寂寞陪伴着他。但他总不能浸在回忆里，要摆脱。他曾同别人学过钓鱼、下棋、打牌，借以消磨时光;他却发现自己缺乏耐性,计算、推理和抽象认识的能力极差,无论怎样努力也养不成这些嗜好。他还学过一阵木工。虽然他五十余岁,身子蛮壮,结实的肌骨里还蕴藏着不少力量,拉得了大锯,推得动大刨子。前几年的大风暴里,他的家具被抄去不少。自己动手做些应用的家具,倒还不错。经过努力,他的木活学到能粗粗制成一张桌子或一只碗橱的程度,但没有一件家具能够最后完成。总是设想得好,做得差不多就没兴致了。草草装配上,刷一道漆色;往往是这里剩下一个抽屉把儿没安,那里还有一扇玻璃柜门没有装上,就扔在一边。像一件件半成品,无精打采地站在屋子四边……他不能画画,就如同一个失恋的人,一时做什么事都打不起精神来。

一次,他闲坐着,嘴上叼一只大烟斗。无意间,目光碰到又圆又光滑、深红色的烟斗上。他忽然觉得上边深色的木纹,隐隐像一双敦煌壁画中的飞天人物;他灵机一动,找到一把木刻刀,依形雕刻出来,再用金漆复勾一遍,竟收到了意想之外的效果。这飞天,衣袂飞举,裙带飘然旋转,宛如在无极的太空中款款翱翔,并给阳光照得辉煌耀目,真有在莫高窟里翘首仰望时所得的美妙的感觉。那些刀刻的线条还含着一种他从未感受过的浓厚又独特的趣味。如此一来,一只普普通通的烟斗便变成一件绝妙的艺术品。一下子,他就像在难堪的囚居中找到一个新天地,在焦渴的荒漠中发现一汪清泉;像孩子突然拾到一个可以大大发挥一下想象的木头轮子似的,兴致勃勃,欣喜若狂的摆弄起这玩意儿来。

他钻到床底下,从一只破篮子里翻出好几个旧烟斗,几天内全刻了出来。有的刻上一大群扬帆的船,有的雕出一只啁啾不已、活灵活现、毛茸茸的小雏雀;有的仅仅划几条春风吹动的水纹，几颗淡淡的星；有的则仿照汉画中带篷子的战车，线条也逼真地摹拟出汉画拓片上那种浑古苍拙的味道。现成的烟斗刻完了，他就找来一些硬木头，干树根、牛角料，自制烟斗。雕刻的技术愈来愈精，从线刻到浮雕、高浮雕，有的还在表层打孔和镂空。再加上煮色、磨光、烫蜡和涂漆。精美无比。它和一般匠人们雕刻的烟斗迥然不同。匠人们靠熟练得近似油滑的技术，式样千篇一律，图形也都有规定的程式；严格地讲，这仅仅算是玩意儿，不是艺术品。而唐先生的烟斗，造型、图纹、形象、制法，乃至风格，无一雷同。他把每只烟斗都当做一件创作，倾尽心血，刻意经营。在每一个两三公分高的圆柱体上，都追求一种情趣，一种境界……他把雕好的烟斗摆满一个玻璃书柜——里边的书早被抄去，原是空的——这简直是一柜琳琅满目、绝美的艺术珍品。在这里，可以见到世纪前青铜器上怪异的人形，彩陶文化所特有的酣畅而单纯的花纹，罗马建筑，蒙娜丽莎，日本浮世绘中的武士，北魏佛像，昭陵六骏，凯旋门，武梁祠石刻，韩干的马，徐滉的牛，郑板桥的竹子，埃及的狮身人面像，华特·狄斯尼的卡通人物。这些图形都保持原来的艺术风格和趣味，不因摹仿而失真。有的原是宏幅巨制，缩小千分之一刻在烟斗上，毫不丢掉原作的风神、气势和丰富感。还有些用怪模怪样的老树根雕成的烟斗，随形刻成嶙峋的山石，古镈或兽头，海浪或飞云。文明世界的宝藏，人世间的万千景象，都是他摄取的题材。他的变形大胆而新奇。为了传神，常常舍弃把握得很准确的物象的轮廓；他在艺术上向来反对单纯地记录视网膜上的形象；在调色板上，他主张融进内心感受的调子。此时，他把这一切艺术理想都实现了。

他如同真正从事创作时那样，有时一干就是一整天。半夜里，有了想法也按捺不住跳下床来，操起雕刻刀。得意之时，还要把老伴推醒共同欣赏。老伴与他三十年前同毕业于一座艺术院校。有一样的理想和差距不大的才华。结婚后，老伴为了他，把个人的抱负收拾起来，或者说是全部地加入到他的理想中。消瘦单薄的肩膀挑起生活的重担，却以他的成功为欢乐。默默地与他一起分享荣誉的快感和事业上的收获。当有人宣布他的前程已经被毁灭时，老伴表面上比他不在乎，心里反比他更沉重、更灰心失望。现在，老伴见他从多年的苦闷里找到一种精神的寄托，心中深感慰安。不管怎样，在旁人眼里烟斗是个玩物，不被留意。画画的，不去画画，还有什么麻烦？有时，老伴见他居然从这么一个小东西上获得如此之多的快乐，还忍不住偷偷掉泪呢！

想想看，这一切老花农哪里懂得。如果说老花农是他的知音，恐怕是自寻安慰吧！然而，艺术家需要的不是家庭承认，而是社会承认。也许由于唐先生的周围万籁俱寂，无人赏识，无人喝彩，无人搭理他，太寂寞了；老花农这里发出一个孤单单的苍哑的回声，多多少少使他得到一点充实。

三　时来运转

秋风一吹，大自然单调的绿色顷刻变得黄紫斑驳，又是一番姿色，又是赏菊的好时节。可是唐先生却没有到那离家较远的小花房去。他已经半年多没去了。

半年前，他被落实了政策，名画家的桂冠重新戴在头上。家里的客人渐渐多起来。好像堪堪枯谢的枝头又绽开花蕾，引来一群群蜜蜂、蝴蝶、小虫。编辑们来要稿，记者来采访，名流们穿梭不已。前几年销声匿迹的门生,又来登门求教。求画的人更是接踵不绝。他整天迎进送出,开门关门,忙得不亦乐乎。有时一群群闯进来,坐满一屋子,闹得他的画室像刚刚开业的小饭铺。

他给这些人缠着，什么也干不了。还有些人纯粹来泡时间,一坐就是半天。要不是他们自己坐得厌烦了,还不肯走呢!他对这些不知趣的人,尤其没有办法。有时他不说话,想把来访者冷淡走,偏偏这种人不善察言观色。甚至有人还对他说:“你的客人太多了,把你的时间都占去了,还怎么画画,你不能不搭理他们吗?”说话的人往往把自己除外,弄得他啼笑皆非。

然而,他被这么多人捧在中间,像众星捧月似的,毕竟很高兴。这是自己地位、名望、荣誉和价值的见证。前些年失掉的荣誉，像一只跑掉的鸟儿，又带着一连串响亮的鸣叫飞回来了。整天,喜悦就如同一对小漩涡在他嘴角上,连睡觉时也停在他嘴角上缓缓转动。因此,人来人往,又使他得意、满足、引以为荣。此时,他忙得早把那无足轻重的老花农淡忘了。

烟斗呢?却非刻不可。因为来访者搞不到他的画,都设法要一只烟斗去。大凡这些要烟斗的人,其中没有几个真正懂得他寄寓在这小东西上奇妙的语言,也并非喜欢得不得了(尽管装得珍爱如狂),不过因为这是大名鼎鼎的“唐先生”刻的烟斗而已。好比有人向大作家要书,拿回去可能翻也不翻,要的是作家在扉页上的亲笔签名——但他必须应付这种事。几个月里,他摆在玻璃书柜里的烟斗被人们要去大半。他还要抽时间不断地雕出一些新的来,刻得却不那么尽心了,草草了事,人家照样抢着要。除非对方是艺术内行或什么大人物,他在构思用意和刻法上才着意和讲究一些。

他可以画画了，反而画不成，没时间。一时他的烟斗倒比他的画更出名。他快成烟斗艺术大师了。

一天，打一早就是高朋满座。一个矮胖胖，是位通晓些绘画常识的名作家；另两个身材一般，都戴圆眼镜，若不是一个长脸盘，一个小脸盘，简直是一对儿。这两个是出版社比较有些资格的编辑，来催稿件；还有一位瘦高、长腿、像只鹳鸟的大个子，是位画家。大家当着他的画讨论他的绘画风格，自然都是赞美之词。那位长腿画家曾是唐先生的画友，多年来不曾登门，近来又成了座上客。此刻竟以唐先生的贴己和知音的口气说话。

唐先生虽然听得挺舒服，但他要画画，并不希望这些人总坐着不走。昨晚他勾了一张草图，本想今天完成，但客人们一早就鱼贯而入，他又不好谢客，只得坐陪。此时，大家已经抽掉一包带过滤嘴的香烟了，浓烟满室，都还没有告辞的意思。正在无可奈何之际，外边又有人敲门。他心里厌烦地想："又来一个，今天算报销掉了！"便去开门。

打开门，不觉双目一亮。面前一大盆光彩照人的凤尾菊。一个人抱着这盆花，面部被花遮住了。他怔了，是谁给自己送花来了呢？这么漂亮的花！

"谁？快请进！"

来人没吭声，慢吞吞地进来，把花儿放在地上，待来人直起腰一看，原来是半年多未见的老花农。是他把自己喜爱的花儿送到家里来了。

"唷，老范，是您呀！您怎么来的？抱来的吗？"

矮墩墩的老花农笑眯眯地站在他面前，前襟沾着土。他抱了这盆花走了很长的路，累了，额上沁出亮闪闪的汗珠，微微直喘，说不出话，只频频点头。

客人们都起身过来，围着地上这盆凤尾菊欣赏起来，兼有为主人助兴的意思。

唐先生请老花农坐下歇歇。老花农扭身本想就近坐在一张带扶手的沙发椅上，但他迟疑一下没坐，似乎嫌自己一身衣服太脏。他见墙角的书柜前有个小木凳，就过去蹲下坐在木凳上。唐先生没跟他客气，让座位。倒了一杯热水给他，问道：

“怎么样，忙吗？”

“啥？”老花农还是那样偏过右耳朵。

“我问您忙吗？”唐先生放大音量又问一遍。

“噢，没啥忙的。半年没见您了，您不是爱瞧凤尾菊吗？您要是再不来，花就开败了。今儿俺歇班，给您抱一盆来。您就在家瞧吧！”

老花农说着，打腰里掏出小烟袋和那个圆圆的洋铁烟盒，打开盖儿放在地上，装上烟叶末子，点了火抽起来。

客人们看过花，重新落座。唐先生也坐回到自己的一张大靠背的皮软椅上去，接着谈天。大家谁也没有把这个送花来的、蹲坐在一边的黑老汉当做一回事。也没人和他说话，问他什么。唐先生也没和他搭腔，自管让他一旁抽烟、喝水，只是间或朝他无声地笑一笑，点一下头。老花农丝毫没有怨怪这些人不理他。他津津有味地听着这些人海阔天空地谈天。为了听清这些人的话，他把那只右耳朵偏过来，时而皱起满脸皱纹，仿佛感到费解；时而又舒展面容，似乎领略到这些人话中的奥妙。他不声不响地坐在一旁，黑黑的脸上露出满足的神情，好像在享受着什么，如同当年在小花房里，与唐先生相对而坐、默默抽着烟时所表现出的那种满足。

后来他发现了身后陈列烟斗的玻璃柜，便站起身，面对柜子站了很久。一下子，见到这么多雕着花、千奇百怪的烟斗，他看呆了。而且距离柜门的玻璃面那么近，好像要挤进柜里去。嘴里呼出的热气把柜门弄污了，不断用手去抹。还禁不住发出一声声——对于他是唯一的、很特别的——赞叹声："美，美，美呀……"

屋内的几位客人听到这声音，不以为然，并觉得这个傻里傻气、怪模怪样的黑老汉挺可笑。这使得唐先生感觉自己认识这么一位无知的缺心眼的怪老头很难为情。因此，没敢和老花农说话，生怕引他说出更无知可笑的话来，栽自己的面子。他尽力说些话扯开贵客们对老花农的注意，心里却巴望老花农快快告辞回去。

没人搭理老花农。呆了会儿，老花农向唐先生告辞要回去了。唐先生一边和他客气着，一边送他到了大门外。

"耽误您们谈话了。"老花农歉意又发窘地说。

"哪的话！您给我送花来，跑了这么远的路。"他说着客套话。

"您怎么一直没来呢？今年的凤尾菊开得盆盆好。您很忙吧！"

唐先生听了，马上想到如果自己说"不忙"，说不定这老花农没事就要来，便说："何止忙呢，忙得不可开交呀！这些人整天没事，到这儿来泡时间，弄得我 点时间也没有。他们还找我要画，我哪来的时间画?！半年来，我一共才画了四张画，多半还是夜里画的。照这么下去，我非得跑到深山里躲躲去不可，否则什么也干不成！"他一边显得烦恼，一边还透出两分得意的神色。

“呀!不画哪成!该画、该画……”老花农好像比唐先生更为忧虑。沉了片刻,他诚恳又认真地说:“要不,您到我的花房画去吧!”

“不,不……我,离不开这儿。有时,有人找我,也确实是有事。您甭为我操心了,我自己慢再想些别的办法。”

老花农听罢,怔了怔,便说:“那我走了。您这儿还有客人哪!”随即转身慢慢吞吞地走去。

此后,老花农又送过两次花,却没有露面,连门也没敲,而是悄悄把花儿放在门口,悄悄去了。这两次都是唐先生送客出来,发现了花,摆在门旁边。他便知是老花农送来的。他领会到老花农的用心,心里也受了感动。本想去看看老花农,但川流不息的来客,以及更重要的事情把这些念头冲跑了。

有一次,他送走几位来客,正打开窗子放放屋里的烟。忽听门外“咚”的一声,好像有人把一件沉重的东西放在地上。他忙走到门前,拉开门,只见门外台阶上又放了一盆美丽的花。一个矮墩墩、穿一身黑裤褂的老汉背影,正离开这里走去。一看那微微驼背,慢吞吞迈着弧形步子的罗圈脚,立即认出是老花农。他招呼一声:“老范!”便赶上去。

他请老花农屋里坐,老花农说什么也不肯,摇着手说:

“不,不,别耽误您的时间。”

“屋里没人。您坐坐,喘一喘再走。”

“不,您正好可以画画。俺不累,蹓蹓跶跶就回去了。”

“往后您别再跑这么远路了。这一盆花得十多斤重。我要是看花,到花房去看好了。”唐先生说。

“您哪里有空呢?”老花农说。他牢牢记着上次唐先生埋怨没有时间工作的话,才一次次把花儿送来。

“可是……您送花，也不要我付钱。怎么成呢？哪能叫您白送。”

老花农摇着一双又厚又黑、短粗的手，说：

“没啥，没啥。俺就一个儿子，他做事，不要我的钱。我的钱用不了，没嗜好，也没处花，连烟叶子也是自己种的……您干啥要提钱呢！”

“可我怎么谢谢您呢？”

“啥？”

“我说，我总得谢谢您。”

老花农听了，在他黑黑发亮的铁球一般的鼓脑门下，两只无神的灰色小眼睛直怔怔地盯着唐先生。

“您真的要谢谢俺？”

“是呵……”

“那……”老花农变得犹豫不决，然后他像下了决心那样地说，“您就送俺一支您刻的烟斗吧！”这时，他的表情既是一种诚恳的请求，也好像因为开口找人家要东西而不好意思，甚至挺窘。

“噢？行！没问题，我给您去拿一只！”

唐先生说着，转身走进屋。一边想，这老范的性格真够怪的。自己刚和他认识那次，曾经要送给他一只烟斗，他怎么不要呢？

唐先生打开玻璃柜门，里边的烟斗不多了。最上边的一格仅仅还有五只。其中两只是他的杰作，一直没肯给人。另外三只是新近雕的，也属精品，但都有主了。是一位名诗人，一位市艺术处处长，一位电影大导演请他雕的。这几只烟斗完全可以摆在博物馆的陈列柜里。他没动这些，而从下边一层内一堆属于一般水平的烟斗中，选择一只刻工比较简单的，刻的是五朵牡丹花。还是刚刚开始刻烟斗时的作品，艺术上还不太纯熟。但他以为，这对于不懂艺术的老花农来说，足可以了。便拿着这只烟斗，在手心里揉擦干净，走出去，给老花农。

老花农一见烟斗，眼睛像一对灰色的小灯泡亮了起来。唐先生没想到，这双小眼睛居然有这样的神采。

“您……”老花农欢喜得声音都震颤了，“您真的把这么好的烟斗送给俺吗？”

唐先生见老花农如此喜爱，心里也挺满意。这么一来，总算还了所欠对方送花的情。“是呵，您拿去吧！”说着，把烟斗递给老花农。

老花农双手郑重地接过烟斗，激动得吭吭巴巴地说：“谢谢您，唐先生，真谢谢您，俺回去了……”

他的目光一直没离开双手捧着的烟斗，走去了。

四　寂寞中的叩门声

唐先生坐在那张高背的皮椅子上，抽着烟斗。他显得疲惫不堪，软弱无力，身子坐得那么低，好像要陷进椅子里似的。那样子，仿佛一连干了三天三夜的重活，撑不住了，瘫在了这儿。

他的眸子黯淡无神，嘴角上那一对喜悦的漩涡不见了。天才入秋，他就套上两件厚毛衣，当下还像怕冷似的缩着脖子。屋里静得很，家具上蒙了一层薄薄的尘土，显然好几天没有擦抹过，没有客人来。

他的一幅画被莫名其妙地定为黑画——还是那个曾请他刻烟斗的艺术处处长定的。那位处长本来挺喜欢他的画，但为了迎合上边某种荒谬的理论，为了自己在权力的台阶上再登一级，亲手搞掉他。一下子，他又失去了一切。在受到一连串批判斗争之后，被撇在一边，听候处理。于是，他再一次落魄了，无人理睬了。每天从大门进出的又只剩下他和老伴两个。喧闹的人声从屋内消失，还摆着几只名人和要人请他雕刻的烟斗。这几只烟斗刻得精美极了，却放在那里，没人来取。他重新领略到歧视和冷漠的滋味；至于寂寞，他反而觉得挺舒服，挺难得，和这一次反复之前的感受大不一样。生活的变化使他获得多少积极和消极的处世哲理。反正他再不把那重新被夺去的荣誉、那众星捧月般虚幻的荣华，当做生活中失落的最宝贵的东西了。

这时，他听到有人轻轻叩门。已经许久没听过这声音了。他撂下烟斗，趿拉着鞋去开门。

打开门，不禁惊奇地扬起眉毛。原来一个人抱着一盆特大的金光灿烂的凤尾菊正堵在门口。因花枝太长，抱花盆的人努力耸着肩，把花盆抱得高高的，遮住他的脸，但枝梢还是一直拖到地上。

呵，是老花农——老范！不用说，肯定是他来了。他总是在这种时候出现；而在自己春风得意之时，他却悄悄避开了。并且总是不声不响地用一片真心诚意对待自己。唐先生感到一阵浓郁的花香，混着一股醇厚的人情扑在身上，心中有种说不出的乱糟糟的感触。嘴里忙乱地说：

“老范，老范，快请进，请进……好，好，就放在地上吧！这花儿开得多好！好大的一盆，重极了吧！”

来人把花儿放在地上，直起腰。他看了不由得一怔，来人竟不是老范。他不认得。是一个中等个子的青年人，穿件黑布夹袄，装束和气质都像个农民。手挺大，宽下巴，一双吊着的小眼睛，皮肤黑而粗糙；鞋帮上沾着黄土。

“你？”

“俺是您认得的那老范的儿子。”

唐先生听了，忽觉得他脸上某些地方确实挺像老范。忙请他坐，并给他斟了杯热茶。“你爹还好吧！这两天，我还正想去看他呢！”唐先生这话真切不假，毫无客套的意思。

不料这青年说：“俺爹今年夏天叫雨激着，得了肺炎，去世了。”他的声音低沉，但好像事情已过了多日，没有显得强烈的悲痛与难过。

“什么？他?!”唐先生怔住了。

“俺爹病在炕上时，总对俺念叨说，唐先生最爱瞧凤尾菊。这盆是他特意给您栽的。他嘱咐俺说，开花时，他要是不在了，叫俺无论如何也得把花儿给您送来。”

唐先生听呆了。他想不到生活中还有这样的事。一个对于他无足轻重的人，竟是真正尊重他，真心相待于他的人……他心里一阵凄然，不知该说些什么。他下意识地习惯地从茶几上拿起烟斗，可是划火柴时，手抖颤着，怎么也划不着。那青年一见到烟斗，忽然像想起什么似的说：

“唐先生，您知道俺爹多喜欢您刻的烟斗吗？您曾送给过他一只烟斗吧！他临终时对俺说：‘你记着，俺走的时候，身上的衣服穿得像样不像样都不要紧，千万别忘了把唐先生那只烟斗给俺插在嘴角上。’”

“什么？”唐先生惊愕地问。他很像没听清这句话，其实他都听见了。

那青年又说一遍。他的脑袋嗡嗡响，却一个字儿也没听见。

直到现在,唐先生的耳边还常常响着那傻里傻气的“美,美呀!”苍哑的赞叹声。于是,一个难解的问题便纠缠着他:这个曾用一双粗糙的手培植了那么多千姿万态的奇花异卉的老农,难道对于美竟是无知的吗?那死去的黑老汉在他的想象中,再不是怪模怪样的了,而化做一个极美的灵魂,投照在他心上,永远也抹不去。每每在此时,他还感到心上像压了一块沉重的大石板似的,怀着深深的内疚。他后悔,当初老花农向他要烟斗时,他没有把雕刻得最精美的一只拿出来,送给他……

（京）新登字083号

图书在版编目（CIP）数据

花的勇气/冯骥才著. —北京：中国青年出版社，2016.3
（当代名家名篇插图本）
ISBN 978-7-5153-4086-9
Ⅰ.①花…　Ⅱ.①冯…　Ⅲ.①小说集—中国—现代
②散文集—中国—当代　Ⅳ.①I217.2
中国版本图书馆CIP数据核字（2016）第040964号

责任编辑　曾玉立　岳　虹
装帧设计　瞿中华

出版发行　中国青年出版社
社　　址　北京东四十二条21号　邮政编码：100708
网　　址　www.cyp.com.cn
门 市 部　010-57350370
编 辑 部　010-57350402
印　　刷　三河市君旺印务有限公司
经　　销　新华书店

规　　格　660×970　1/16
印　　张　14.25
字　　数　150千字
版　　次　2016年4月北京第1版
印　　次　2019年3月河北第2次印刷
定　　价　26.00元